Jürgen Elbers

Wandern mit dem Kinderwagen

Jürgen Elbers

Wandern mit dem Kinderwagen

in Zusammenarbeit mit Heidi Elbers

ROMBACH VERLAG

Die Deutsche Bibliothek — CIP Einheitsaufnahme

Elbers, Jürgen:
Wandern mit dem Kinderwagen / Jürgen Elbers. - 2., aktualisierte und erw. Aufl. - Freiburg im Breisgau : Rombach, 2000
(Rombach Reihe Regionalia)
ISBN 3-7930-9229-1

Lektorin: Dr. Edelgard Spaude
Umschlaggestaltung: Barbara Müller-Wiesinger/Gabriella Stellino
Satz/Layout: Ralph I. Schäfer
Herstellung: Stiehler Druck & media GmbH,
Denzlingen
Printed in Germany
ISBN 3-7930-9229-1

Gewidmet unserem Töchterchen Miriam,
ohne deren Existenz dieser Wanderführer und die Idee dazu
nie zustande gekommen wäre.

Inhalt

Zeichenerklärung

Parkplatz, Ausgangspunkt der Wanderung

Gehrichtung

Abkürzungsstrecke

Kinderspielplatz

Grillstelle

Schutzhütte

Ruhebank

Aussichtspunkt

markanter Einzelbaum

Wegkreuz

Gasthaus

Kapelle, Kirche

Ruine, Burg

Campingplatz

Einzelhäuser, Bauwerk

Sportplatz

Ortschaft

Abkürzungen im Text

Wz. = Wanderzeichen
Mrkg. = Markierung
Hm = Steigungs-Höhenmeter

Mit dem Kinderwagen auf Wandertouren rund um Freiburg

Aus eigener Beobachtung haben die Autoren gelernt, daß es nicht ganz unproblematisch ist, auf Wanderungen mit einem Kinderwagen abseits geteerter Straßen wandern zu wollen.
Die zweite geplante Rundwanderung, die wir (damals) machen wollten, mußten wir aufgrund fehlerhafter Karten und zusehends schlechter werdender Wegstrecke abbrechen. So hatten wir uns überlegt, daß es vielleicht vielen anderen wanderfreudigen Familien ähnlich ergeht, daß größere Touren möglicherweise von vornherein ausgeschlossen werden, da man nicht sicher sein kann, ob man auf diesem Weg mit dem Kinderwagen vorankommt.
Mit dem vorliegenden Wanderbüchlein wollen wir Abhilfe schaffen. Für 25 Rundwanderungen werden jeweils detailliert die Wegbeschaffenheit, schwierigere Steigungs- und Gefällstrecken sowie Tourenlänge, ungefähre Gehzeit und weitere Merkmale beschrieben.
Dieser Wanderführer weicht von den üblichen, auf dem Markt befindlichen Wanderführern ab. Er richtet sich an alle, die gerne wandern und dabei einen Kinderwagen mitnehmen wollen und folglich auf entsprechende Wege angewiesen sind. Ideal ist er aber genauso für alle, die noch ungeübte Wanderer sind, und für jene Wanderfreunde, die abenteuerliche Touren weniger schätzen. Sie finden hier viele Tourenvorschläge, die als Einstieg für ein neues Hobby dienen können.
Wir haben uns bemüht, möglichst abwechslungsreiche und unterschiedlich lange Wandertouren zu präsentieren. Alle Strecken sind wir mit dem Kinderwagen abgegangen und haben die jeweils beste Wegführung beschrieben. Bei langen Touren werden auch Abkürzungsmöglichkeiten angegeben. Anhand der beigefügten Skizzen kann man mühelos den Wegverlauf nachvollziehen, Rastbänke, Schutzhütten und markante Geländepunkte erkennen.

Zudem sind bei einigen – den weiter entfernten oder längeren Touren – Einkehrmöglichkeiten angegeben, bei denen man auch mit Kleinkindern willkommen ist. Die jeweiligen Öffnungszeiten, Ruhetage, Betriebsferien und – falls vorhanden – Wickelmöglichkeiten sind aufgeführt. Wir bemühten uns außerdem, die Grillstellen und Spielplätze zu erwähnen, an denen wir vorbeikamen.

Alle Wanderrouten sind Rundtouren. Ausgangspunkte sind entweder ein Wanderparkplatz oder leicht zu findende Stellen innerhalb einer Ortschaft. Auf diese Weise kommen sowohl motorisierte Wanderer zu ihrem Recht, wie auch solche, die öffentliche Verkehrsmittel bevorzugen; für sie haben wir entsprechende Hinweise angefügt.

Jeder Tourenbeschreibung haben wir acht Merkmalspunkte vorangestellt, damit der Leser einen ersten Überblick über die beschriebene Strecke erhält:

1. Mögliche Bahn- bzw. Busverbindung.
2. Anfahrt-Tips von Freiburg aus.
3. Die für die Rundwanderung am günstigste Parkmöglichkeit.
4. Die ungefähre Länge der Wegstrecke.
5. Hinweise auf Besonderheiten, wie z. B. Aussichtspunkte oder den Schwierigkeitsgrad der Wegstrecken, fehlende Einkehrmöglichkeiten, ob für den Hochsommer geeignet (Waldwanderung) oder nicht etc.
6. Die ungefähre Gehzeit ohne Pausen, wobei ein durchschnittliches Vorankommen von 3,5 Kilometern in der Stunde für ebene Strecken angenommen wurde. Für Steigungs- und Gefällstrecken werden 2 Kilometer pro Stunde veranschlagt.
7. Höhenunterschiede, Steigungsstrecken und Gesamtzahl der Höhenmeter auf berganführenden Wegen.
8. Die Schwierigkeitsgrade der einzelnen Wegabschnitte und deren Beschaffenheit sowie Besonderheiten, wie schnell z.B. aufweichbare Abschnitte bei länger anhaltendem Regen.

In den Tourenbeschreibungen werden die Kurzangaben ausführlich kommentiert, einschließlich aller Wegmarkierungen, Wanderzeichen, Wegverzweigungen etc.
Die Skizze für jede Tour dürfte als Orientierungshilfe ausreichend sein. Für den, der sich darüber hinaus informieren möchte, stehen im Buchhandel und bei Fremdenverkehrsämtern Wanderkarten in reichlicher Auswahl zur Verfügung. Am günstigsten wäre es dann, auf Kartenmaterial im Maßstab 1:30.000 zurückzugreifen, denn dort sind detaillierte Informationen ablesbar.
Der folgende Überblick ermöglicht eine Orientierung über Länge und Schwierigkeitsgrad der vorgeschlagenen Tageswanderungen. Ausschlaggebend für die Angaben sind Anzahl, Länge und Schwierigkeitsgrad der Steigungsstrecken. Wanderungen, die höchstens 3 Stunden dauern, gelten als kurze Touren.

Leichte, kurze Touren: Nummern 1, 10, 14, 17, 19, 25, 26.
Leichte, längere Touren: Nummern 2, 6, 9, 11, 13, 21.
Mittelschwere, kurze Touren: Nummern 4, 5, 16, 23, 24.
Mittelschwere, längere Touren: Nummern 7, 8, 12, 15, 20.
Schwerere, längere Touren: Nummern 3, 18, 22, 27.

Der Übersichtskarte sind Lage und räumliche Entfernung von Freiburg zu entnehmen. Dabei ist die Anfahrtszeit – von der Stadtmitte Freiburgs aus gerechnet – mit steigender Nummer jeweils etwas länger.

Vorwort zur 2., aktualisierten und erweiterten Auflage

Dieses Büchlein richtet sich vor allem an jene Eltern, die ihren Kinderwagen nicht jeden Sonntag bequem am Dreisam- oder Elzufer entlang schieben wollen, sondern mit Ausdauer und Erlebnishunger in der freien Natur unterwegs sein wollen.
Einige Jahre sind seit Erscheinen der Erstauflage vergangen, und häufig kamen Zuschriften an den Verlag, daß einige Wegführungen, Wegbeschaffenheit, Wanderzeichen oder auch Öffnungszeiten der Einkehrmöglichkeiten nicht mehr auf dem neuesten Stand sind.
In die vorliegende 2. Auflage sind alle Neuerungen aufgenommen. Manche Wegführung wurde für »Wandern mit dem Kinderwagen« noch günstiger gelegt, alle wichtigen Merkmalspunkte wurden überprüft und aktualisiert. Darüber hinaus wurden zwei neue Touren aufgenommen: Die erste neue Tour führt bequem durchs Dreisamtal zwischen Stegen und Kirchzarten. Die zweite Rundwanderung befindet sich bei Sölden/Wittnau im Hexental und ist anspruchsvoller. Beide Wanderungen sind mit öffentlichen Verkehrsmitteln von Freiburg aus zu erreichen und mit Angaben für jene Wanderer versehen, die öffentliche Verkehrsmittel dem Auto vorziehen.
Wir wünschen allen wanderfreudigen Familien mit diesem Wanderführer auch weiterhin viel Freude und Spaß bei ihrem naturverbundenen Hobby.

Woran sollte man vorher denken?

Bevor man einen Tages- oder Halbtagesausflug macht, sollte man einige wichtige Dinge in den Rucksack packen – auf jeden Fall etwas zu trinken und zu essen, denn es kann immer wieder einmal passieren, daß die eine oder andere Gastwirtschaft aus besonderem Anlaß geschlossen ist. Und quengelnde Kinder, die hungrig oder durstig sind, können jede noch so schöne Wanderung gründlich verleiden. Etwas Obst, eine Packung Butterkekse und etwas Tee genügen als Proviant meist schon.
Für ausgiebige Wanderungen ist festes Schuhwerk unerläßlich. Auch der Kinderwagen sollte stabil und gut gefedert sein, damit man auch mit einem schlafenden Kind gut vorankommen kann. Für einen unvorhergesehenen Wetterumschwung sollte man für sich und den Kinderwagen Regen- bzw. Sonnenschutz mitnehmen. Selbst für Kleinkinder ist ein Blendschutz schon wichtig.
Als Hilfsmittel für lange oder stärker ansteigende Strecken hat sich ein einfaches Seil gut bewährt: So kann eine Person den Kinderwagen schieben, während die andere Person den Kinderwagen mit dem Seil zieht. Rundwanderungen im Schwarzwald oder im Kaiserstuhl haben immer kürzere oder längere Anstiege, und es wäre schade, wegen ein paar Minuten, während denen eine kleine steilere Strecke ein wenig Anstrengung erfordert, auf die restlichen schönen Wanderabschnitte verzichten zu müssen.
Auch schlechteres Wetter sollte nicht von vorneherein vom Wandern abhalten – schon gar nicht aus Angst, der Kinderwagen könnte schmutzig werden. Meist sind es nur die Räder, die in Mitleidenschaft gezogen werden, und diese bekommt man ganz einfach wieder sauber, indem man einen Stock an das Rad hält und dabei langsam den Wagen schiebt. So wird der anhaftende Schmutz abgeschabt.
Wir wollen vielen begeisterten Wanderern mit unserem Büchlein dazu verhelfen, daß sie auch als Familie mit Kleinkind und Kinderwagen die Natur ausgiebig genießen können. Über Anregungen und Verbesserungsvorschläge freuen wir uns und bitten um entsprechende Zuschriften an den Verlag.

Deichelweiher – St. Valentin – Günterstal und zurück
ca. 9 km

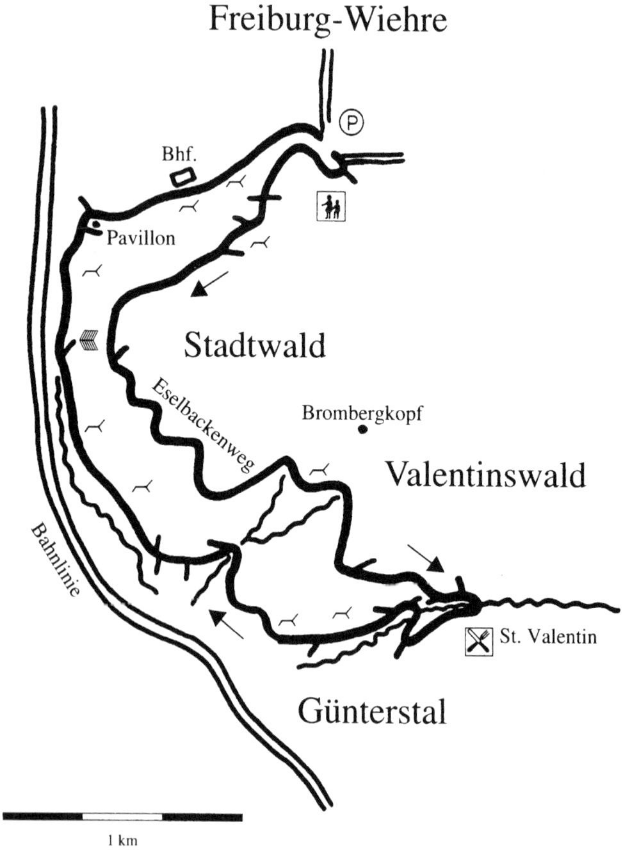

Deichelweiher – St. Valentin – Günterstal und zurück

Bahnverbindung: Bahnhof Wiehre oder Stadtbahnlinie 1, Haltestelle: Bürgerwehrstraße.

Anfahrt: von der Schwarzwaldstraße (B 31) über die Bürgerwehr-Straße zum Ausgangspunkt.

Parkmöglichkeit: vor der Bahnüberführung am Ende der Bürgerwehrstraße oder am Wiehrebahnhof.

Tourenlänge: ca. 9 Kilometer.

Hinweis: ganzjährig geeignet, reine Waldwanderung.

Gehzeit: ca. drei Stunden.

Höhenunterschiede: am Anfang der Tour geht es beständig bergan bis man St. Valentin erreicht hat (Hm 150).

Wegezustand: überwiegend befestigte Forstwirtschaftswege, der letzte Kilometer ist asphaltiert.

Zuerst überqueren wir die Eisenbahnlinie und folgen dann der Teerstraße bis zu dem nahegelegenen Spielplatz. Nach dem Spielplatz biegen wir rechts auf die Waldstraße in Richtung Kyburg ab. Hier wurde 1995 der Deichlebrunnen aufgebaut. Kurz danach kommen wir an einem Wasserschlößchen vorbei. Von hier hat man eine schöne Aussicht auf die Freiburger Altstadt und den Stadtteil Wiehre. An der übernächsten Wegverzweigung halten wir uns links und biegen in den ›Franzosen-‹ und ›Brombergweg‹ ein. Wenig später geht es rechter Hand (praktisch geradeaus) auf dem ›Eselsbackenweg‹ weiter. Hier verläßt man die Ausschilderung Richtung ›Franzosen-‹ und ›Brombergweg‹. Dieser nur noch wenig ansteigenden Forststraße folgen wir nun eine ganze Weile, bis es rechts abwärts auf dem ›Brändenbergweg‹ weitergeht.
Am Ende des steilen Abstiegs führt der Weg links zur Waldgaststätte »St. Valentin« (Ruhetag: Montag; ganzjährig geöffnet: sonn- und

feiertags ab 11 Uhr, werktags ab 13 Uhr; schöner Biergarten) hinauf. Will man sich den steilen kurzen Anstieg zur Gaststätte ersparen, kann man auch noch ein kurzes Stück auf dem ›Eselsbackenweg‹ weiter wandern, dabei folgt man der Markierung: blauer Punkt *Richtung St. Valentin und Sohlacker.* Nach etwa 300 m biegt man rechts auf einen schmalen abwärtsführenden Waldpfad ab. Bald tritt das Wegzeichen *Gelber Punkt* hinzu. Bis zur Gaststätte »St. Valentin« hat man noch mehrere steinig-holprige Abschnitte zu überwinden.

Von »St. Valentin« aus gehen wir auf der ungeteerten Zufahrtsstraße bergab, und an der ersten Verzweigung biegen wir nach rechts ab. Hinter der Bachüberquerung folgen wir auf dem linken Weg (nicht die Waldstraße) Richtung *Günterstal* der Markierung *Rotes Zähringer Kreuz.*

Hier beginnt ein Waldlehrpfad. An der nächsten Verzweigung hält man sich rechts und folgt dem Wegzeichen Richtung Sternwaldeck auf dem ›St. Liobaweg‹. Nach einigen Minuten hat man den Ortsrand von *Günterstal* und eine Klosteranlage erreicht. Hier befindet sich linker Hand ein großer Spielplatz. Unsere Tour führt uns nun auf einen Rundweg (Forststraße) geradeaus und somit ein gutes Stück auf dem ›Günterstäler Weg‹, der noch zum Waldlehrpfad (Arboretum) gehört. Unterwegs kommen wir auf diesem beliebten Waldweg am »Jägerbrunnen« vorbei. Viele Fußpfade zweigen jetzt ab, wir bleiben vorerst auf dem Rundweg. An der Verzweigung mit der »Franzosensteige« verlassen wir dann den Rundweg und gehen geradeaus weiter Richtung Sternwaldeck (mit dem Wegzeichen: *Rotes Zähringer Kreuz*).

Beim Pavillon am Sternwaldeck kann man links oder rechts hinunter zur Teerstraße (für den Autoverkehr gesperrt) gehen, der wir nach rechts folgen. Links von uns verläuft nun die Eisenbahnlinie und rechts von uns liegt der Sternwald. So gelangen wir zurück zum Ausgangspunkt dieser schönen Waldwanderung.

2

Freiburg – Schloßberg – St. Ottilien und zurück
ca. 12 km

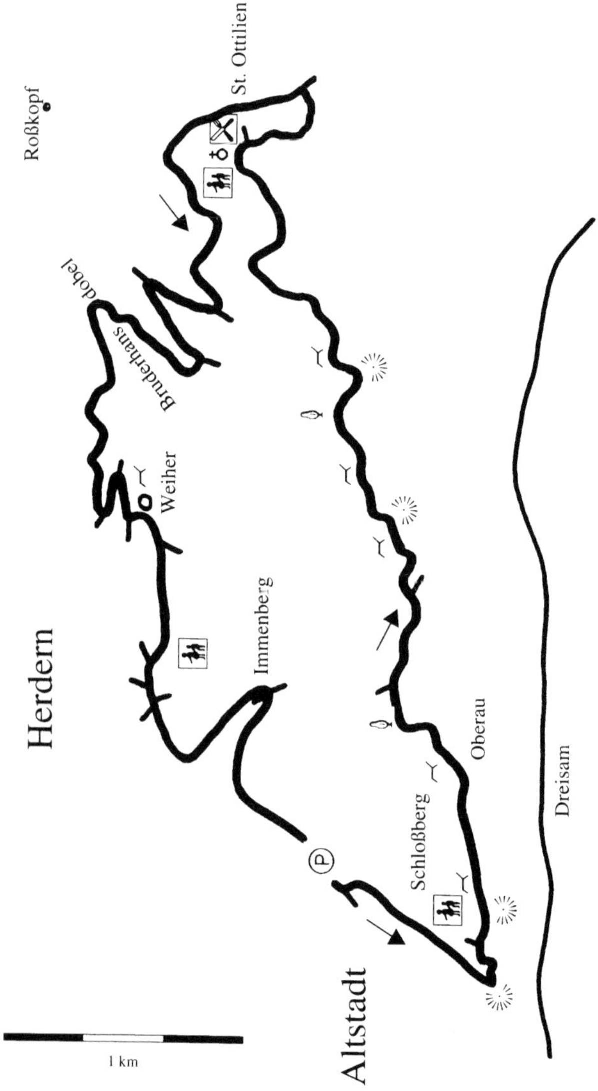

Freiburg – Schloßberg – St. Ottilien und zurück

Bahnverbindung: Hauptbahnhof Freiburg, dann weiter mit der Straßenbahn Linie 5 oder 6 zum Siegesdenkmal oder mit der Linie 1 nach Oberlinden (Beginn der Wanderung dann am »Greiffenegg-Schlößle«).

Anfahrt: in Freiburg von der Altstadt über den Leopoldsring unterhalb des Schloßbergs in den Stadtteil Herdern; bei der ersten Ampel biegt man rechts ab in die Mozartstraße und nach 50 m in die Wintererstraße.

Parkmöglichkeit: man fährt die Wintererstraße ein Stück hinauf und hält irgendwo auf der linken Straßenseite. Die Rundtour führt auf dem Rückweg ein ganzes Stück die Wintererstraße entlang, so daß man auf alle Fälle wieder zum Auto kommt.

Tourenlänge: ca. 12 Kilometer.

Hinweis: ganzjährig geeignet.

Gehzeit: gute drei Stunden.

Höhenunterschiede: am Anfang der Rundwanderung geht es stetig den Schloßberg hinauf, und nach der Gastwirtschaft »St. Ottilien« muß man für einige wenige 100 m den Kinderwagen bergan schieben, ansonsten sind aber keine nennenswerten Steigungen vorhanden (Hm 240).

Wegezustand: überwiegend gut begeh- und befahrbare Waldwege und Forststraßen. Der kurze Anstieg nach St. Ottilien ist steinig und holprig. Der überwiegende Teil der Strecke ist aber problemlos zu bewältigen, und man wird durch viele schöne Ausblicke auf Freiburg und Umgebung belohnt.

Wir gehen die ›Wintererstraße‹ ein Stück zurück, kommen an der Schinzigersteige und am St. Augustinusheim vorbei, und biegen dann nach links in die ›Schöneckstraße‹ ein. Am Ende geht es

rechts auf einem breiten, leicht bergan führenden Weg weiter. Kurze Zeit später gelangt man in den Stadtpark und sieht über sich das »Hotel Dattler« thronen. Wir gehen unter der Schloßbergseilbahn hindurch und folgen dem Weg bergauf bis zur Teerstraße. Unterwegs kommt man an einer Minigolfanlage vorbei. Oben angelangt geht es auf dem ›Burghaldering‹ weiter. Auf diesem breiten Weg kommen wir an einem neuen Kreuz vorbei (gegenüber befindet sich eine breite Rastbank), und wir gelangen schließlich zum *Kanonenplatz.* Unterhalb des Platzes befindet sich ein Spielplatz. Vom Kanonenplatz aus hat man eine wunderschöne Aussicht auf Freiburgs Altstadt und das Münster.
Es geht nun in Richtung »St. Ottilien« weiter, und wir folgen der Markierung rot-weiße Raute auf gelbem Grund, dem Querweg *Freiburg – Bodensee.* Nach einiger Zeit gelangt man zu einem Pavillon, hier geht es rechts in Richtung *Hirzberg* weiter. Bis zur Waldgaststätte »St. Ottilien« bleiben wir auf diesem breiten Waldweg. Immer wieder kann man einen herrlichen Ausblick auf Freiburg und das Dreisamtal genießen. Bei der Waldgaststätte »St. Ottilien« (keine Betriebsferien, Ruhetag: Montag, warme Küche von 12 bis 23 Uhr, Wickelmöglichkeit im WC-Vorraum) ist die kleine Kapelle sehenswert, in der man zur Quelle hinuntersteigen kann, und der heilende Kraft nachgesagt wird. Kinder können sich auf dem Spielplatz mit großem Sandkasten vergnügen.
Die Tour geht dann hinter der Gaststätte auf dem Weg mit dem bekannten Wanderzeichen weiter, wobei ein Anstieg mit schlechtem Untergrund bewältigt werden muß. Bis zur nächsten Forststraße folgt man einige Minuten der Ausschilderung *St. Wendelin* über mehrere Serpentinen bergauf. An der Forststraße angelangt, geht es auf dieser links herum weiter, und wir verlassen hier die bisherige Wegmarkierung. An der nächsten Verzweigung wandert man rechts auf dem oberen Weg weiter. Nach einigen Minuten kreuzt man den ›Kandel-Höhenweg‹; hier geht es halbrechts auf dem ›Fuchsköpfleweg‹ Richtung *Ladstatt, FR-Herdern* weiter und endlich bergab.

Nach etwa 300 m biegen wir links in den ›Langbuckweg‹ ein (Richtung Katharinenbrunnen) und kommen einige Minuten später auf eine andere Waldstraße (›Bruderhausweg‹), auf der man rechter Hand weiter wandert. Auch auf dieser breiten Waldstraße geht es immer leicht bergab. Man braucht ein paar Minuten, bis man einen Bachlauf überquert. Vom Bruderhausdobel geht es geradewegs nach Freiburg zurück. Am Ende dieses Weges geht es links auf dem ›Fuchsköpfleweg‹ weiter, alsbald geht es nach rechts und an einem Bächle entlang, um nach einigen Minuten am *Krottenweiher* anzukommen. Hier muß man nach links gehen (Markierung V.5) und anschließend der Ausschilderung *Herdern, Wintererstraße* rechts abbiegend folgen. So gelangen wir auf die ›Wintererstraße‹ (durchgehend Bürgersteig, Tempo 30-Zone), der wir linker Hand folgen. Über zwei Kreuzungen hinweg und vorbei an schönen Altstadtvillen gelangt man nach mehreren Minuten zum Ausgangspunkt (oder dem abgestellten Wagen) zurück.

3

Stegen – Attental – Wittental und zurück
ca. 10 km; Abkürzung ca. 8 km

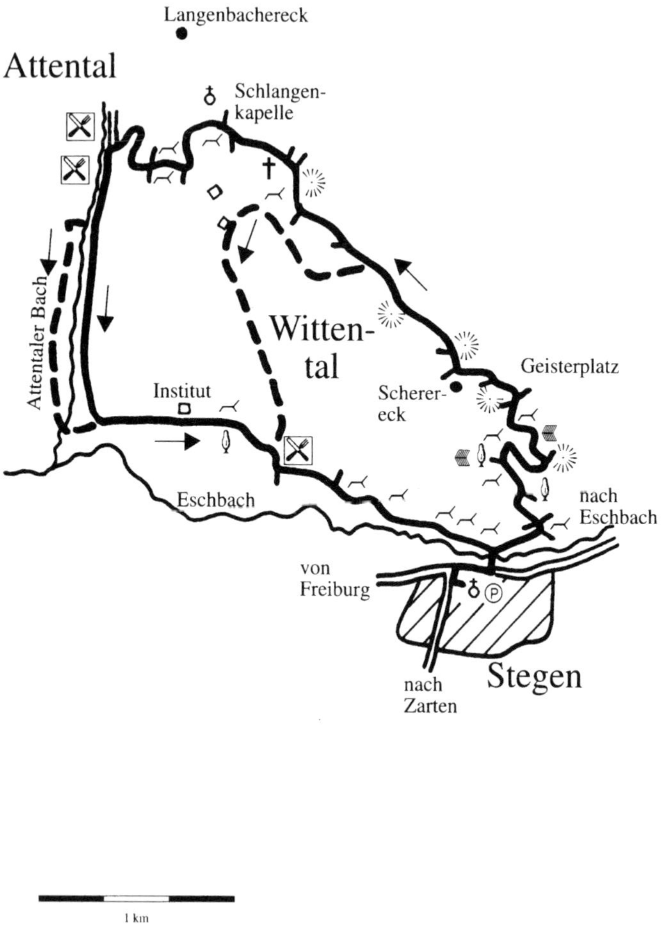

Stegen – Attental – Wittental und zurück

Bahnverbindung: über Kirchzarten, dann weiter mit dem SBG-Bus 7215, 7216 oder Buslinie *Hummel* 221.

Anfahrt: von Freiburg nach Osten, kurz hinter Ebnet links ab, in Richtung St. Peter.

Parkmöglichkeit: gleich am Ortseingang rechts in die ›Zartener Straße‹ abbiegen, hier sind ausreichend Parkplätze am Straßenrand vorhanden.

Tourenlänge: ca. 10 km; Abkürzung ca. 8 km.

Hinweis: mehrere steile Anstiege; man sollte über eine gute Kondition verfügen und unbedingt ein Seil mitnehmen, damit man den Kinderwagen bergauf ziehen kann. Es empfiehlt sich, diese Tour im Sommer zu machen, da man dann bei sonnigem Wetter auf den schönen Wiesen zwischen Scherereck und Schlangenkapelle eine Rast einlegen kann.

Gehzeit: ca. vier Stunden.

Höhenunterschiede: bis zum Scherereck sind mehrere kräftige Anstiege zu bewältigen, zwischen Scherereck und der Schlangenkapelle wechseln sich kürzere Steigungs- und Gefällstrecken ab. Weiterhin sind sehr steile Abstiege zum Attental hinunter zu meistern (als Alternative kann auch eine Waldstraße genommen werden). Der Rückweg ist ohne Schwierigkeit (insgesamt Hm 360).

Wegezustand: Streckenweise etwas holpriger Untergrund, vor allem beim Anstieg zum Scherereck und beim Abstieg von der Schlangenkapelle hinunter ins Attental. Ansonsten jedoch gut befahrbare Forst- und Teerstraßen.

Wir gehen zuerst auf der ›Zartener Straße‹ zurück zur Hauptstraße, um dann der Ausschilderung nach *Eschbach, St. Peter* zu folgen. Nach ca. 200 m verläßt man die Hauptstraße auch schon wieder, biegt nach links Richtung *Dobelmatte* (Wegzeichen: gelbes Dreieck) ab. Nach der Bachüberquerung geht es rechts auf dem ›Dobelmatteweg‹ weiter (Wegzeichen: gelbes Dreieck). Die Teerdecke endet nach kurzer Zeit und wir gelangen in den Buchbühl-Wald. Auf der Forststraße kommt man – vorbei an einem Bogenschießplatz – zu einem schönen Waldspielplatz mit Grillstelle.

Es schließt sich ein kurzer Anstieg an, auf dem man weiterhin dem Wegzeichen gelbes Dreieck Richtung *Flaunser* bis zum Geisterplatz folgt; unterwegs hat man mehrmals herrliche Ausblicke in die Ebene. Am Geisterplatz gehen wir geradeaus auf dem schmalen Waldweg weiter, der durch einen noch recht jungen Baumbestand führt. An dessen Ende geht es für uns rechts auf dem steilen Weg weiter, wo bald wieder das Wegzeichen mit dem gelben Dreieck ins Auge fällt.

Der Aufstieg zum Scherereck wird mit einem weiten Blick ins Reckenberg-Tal belohnt. Von hier aus geht es dann rechts hinunter, mit dem Wegzeichen *Schwarze Eule,* und an der nächsten Verzweigung geht es ebenfalls auf dem rechten Weg weiter bergab zu einer sonnigen Bergwiese. Ein schmaler Weg führt uns nun rechts am Zaun vorbei, bis wir wieder in den Wald hineinkommen. Von diesem Grasweg hat man sowohl nach Westen ins *Dreisamtal* als auch nach Osten Richtung *St. Märgen* eine herrliche Fernsicht. Nach einigen Schritten steigt der Wanderweg rechts bergan. Hier kann man die Rundwanderung abkürzen (Beschreibung am Ende). Auf einer Länge von ca. 250 m sind nun einige Baumwurzeln zu überwinden, und bereits nach 100 m folgt man dem rechten Weg am Grenzstein vorbei. Nachdem einmal mehr ein Anstieg geschafft ist, hat man einen gut befahrbaren Wiesenweg entlang des Waldrandes vor sich. Mehrere Rastbänke laden zu einer kurzen Verschnaufpause ein. Hier steht auch das Leo-Alexander-Kreuz, von dem aus man den östlichen Schwarzwald und das *Steurental* sehen kann.

Von hier aus ist der höchste Punkt der Rundwanderung (Abzweigung Flaunser) nur noch wenige Minuten entfernt. An der nächsten Wegverzweigung, folgt man der Ausschilderung zur Schlangenkapelle und ins *Attental*. Diese Waldstraße mündet in eine weitere Forststraße, auf der wir zuerst rechts, dann links zur Schlangenkapelle hinuntergehen. Auch hier kann man sich an einer der beiden hier plazierten Tischgruppen mit Rastbänken ausruhen. Von der Schlangenkapelle hinunter ins Attental gibt es zwei Alternativen. Geht man das Stück zu der Waldstraße zurück, kann man links herum bequem den Weg hinunter folgen. Die andere Möglichkeit ist kürzer, dafür aber z. T. sehr sehr steil und auch holprig. Dies ist nur für geübte Wanderer mit gutem Schuhwerk und geländetauglichem Kinderwagen ratsam. Dabei hält man sich an der nächsten Verzweigung rechts und folgt den Schildern, die zu den Gaststätten im *Attental* weisen und der Markierung *Rotes Dreieck*.

Nachdem man an einer Weidefläche vorbei gegangen ist, überquert man geradewegs eine Forststraße und folgt dem immer mal wieder holprigen Weg steil bergab ins *Attental*.

Im Tal kann man sich im »Waldcafé Faller« stärken (Ruhetage: Montag und Dienstag; Betriebsferien: 16. 11. bis 26. 12.; Mittagstisch bis 14 Uhr, danach kalte und warme Vesperkarte).

Wenige Schritte bachabwärts liegt das Gasthaus »Bankscherhof« (Ruhetage: Montag und Donnerstag; keine festen Betriebsferien).

Entlang des Attentaler Bachs geht es zurück ins Dreisamtal. Hier kann man zwischen zwei Möglichkeiten wählen: Entweder bleibt man auf dem durchgehenden Bürgersteig, oder man biegt nach knapp 500 m rechts auf einen Wiesenweg (Ausschilderung nach *Ebnet*) ein und geht am Waldrand bzw. im Wald weiter. Hier weist uns die Markierung *Grüner Punkt* den Weg. Beide Wege treffen sich wieder, kurz bevor der Dreisamtal-Radwanderweg links in Richtung *Wittental* abzweigt. Diesem folgen wir nun ein ganzes Stück. Der Radwanderweg nach *Stegen,* auf dem man sich nun

befindet, führt auch an den Außenanlagen eines Instituts der Forstwissenschaftlichen Fakultät vorbei.
An der nächsten Straßenkreuzung befindet sich auf der linken Seite der Landgasthof »Falken«. Die Rundwanderung geht hier rechts weiter und an der nächsten Verzweigung nach links. Auf der schmalen Teerstraße erreicht man den Waldrand und folgt hier rechts dem ›Waldweber-Waldweg‹. Vorbei an Schrebergärten und über den *Eschbach* führt unser Weg zurück nach *Stegen*

Abkürzung: Man bleibt zunächst bis zum großen Waldplatz mit Raststelle auf der Waldstraße (Richtung *Wittental;* Wanderzeichen: Schwarze Eule), wendet sich nach rechts auf die Forststraße und erreicht dann einige Gehöfte und eine Teerstraße, auf der es links bergab bis zum Landgasthof »Falken« geht (Ruhetag: Mittwoch; keine festen Betriebsferien).

Im Kappler Großtal
ca. 8,5 km

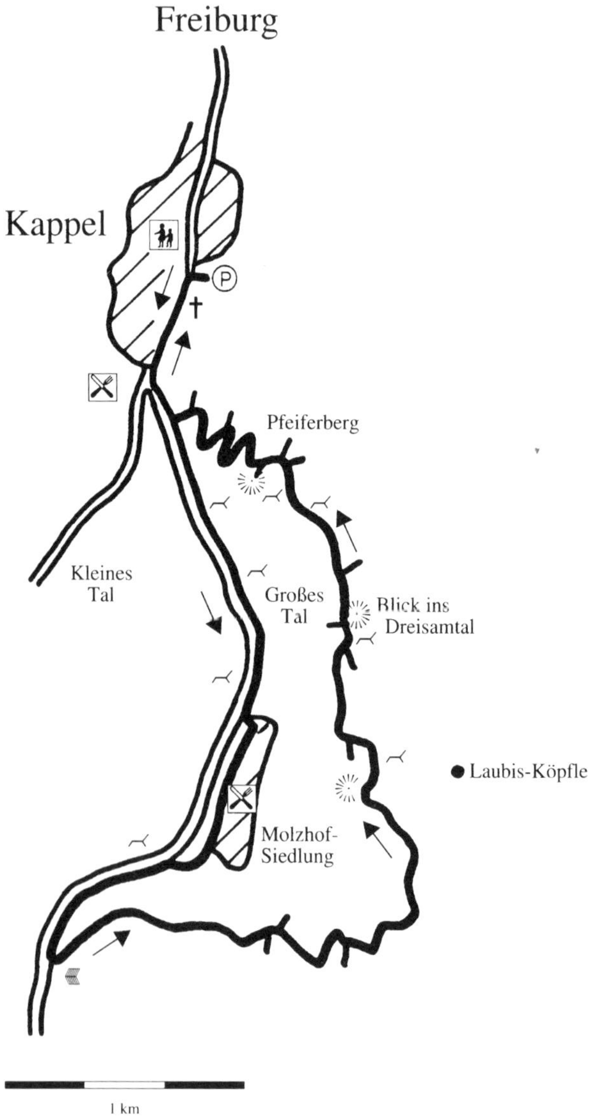

Im Kappler Großtal

Bahnverbindung: keine, erreichbar mit dem Freiburger Stadtbus (VAG) Linie 17.

Anfahrt: von Freiburg Richtung Osten über Littenweiler; die ausgeschilderte Zufahrt führt rechts ins Kappler Tal.

Parkmöglichkeit: beim Sportplatz oder bei der Kirche / Friedhof in der Peterbergstraße.

Tourenlänge: ca. 8,5 km.

Hinweis: ganzjährig geeignet.

Gehzeit: knapp drei Stunden.

Höhenunterschiede: insgesamt sind ca. 280 Hm zu überwinden, die sich jedoch gleichmäßig über die ganze Strecke verteilen.

Wegezustand: meist befestigte Land-, Forstwirtschafts- oder Teerwege; nur am Ende der Tour, beim steilen Abstieg, gibt es einige holprige Abschnitte, auf denen man den Kinderwagen mitunter tragen muß.

Unser Weg führt auf der Straße durch *Kappel* links am Gasthaus »Kreuz« und danach an einer Bäckerei vorbei, über das Ortsende hinaus, bis zur Molzhofsiedlung (Markierung: Roter Punkt Richtung Kohlerhau). Hier gehen wir zuerst links über den Reichenbach und biegen anschließend gleich rechts in die ›Butzenhofstraße‹ ein. Hier verlassen wir schon wieder das Wegzeichen. Das Gasthaus »Schützen« (Ruhetag: Donnerstag; keine festen Betriebsferien; täglich ab 19 Uhr, Samstag und Sonntag ganztägig geöffnet; kleine Freiterrasse) dient uns hier zunächst nur zur Orientierung. Am Ende der Siedlung befinden wir uns immer noch auf der ›Butzenhofstraße‹. Die schmale Teerstraße führt uns über den Reichenbach und zurück zur Fahrstraße. Dort wenden wir uns nach links und gehen etwa zehn Minuten auf einer wenig befah-

renen Straße (Sackgasse). Bei der ersten Möglichkeit biegt man links ab. Ein paar Holzschilder weisen den Weg Richtung *Todtnauer Waldweg, Dilgerweg, Wolfackerweg.* Dann geht es gleich darauf wieder links, so daß wir auf einen Landwirtschaftsweg gelangen, der in mehreren Kurven bergauf- und schließlich in den Molzenwald führt. Hier hat man zum ersten Mal eine schöne Einsicht ins hintere *Kappler Großtal.* Man verläßt diesen Weg ein gutes Stück später nach der starken Rechtskurve, um nach links in einen schmäleren Waldweg (›Otto-Steiert-Weg‹) abzubiegen, der endlich auch wieder ein Stück bergab führt.
Nach ca. 10 Minuten Gehzeit schaut man hinunter ins *Kappler Tal* und auf die Molzhofsiedlung. Unter uns am Hang befindet sich das Butzenhäusle (ein Bauernhof). Nach ein paar Schritten mündet von rechts ein Wanderweg auf die Forststraße. Wir bleiben auf unserem Weg und folgen von hier ab dem Wanderzeichen Gelber Punkt Richtung *Kappel.* Ein paar Minuten später hat man einen Bergsattel erreicht, von dem man gen Osten ins *Dreisamtal* blikken kann. Im Westen sieht man das *Kappler Tal.* Auch hier lädt eine Rastbank zum Verweilen ein. An dieser Stelle mündet von links ein weiterer Wanderweg. Wir gehen ein paar Schritte in Richtung Norden bergab bis zur nächsten Verzweigung, an der man rechts an einer Bank vorbei in den Wald hineingeht, dabei folgt man wiederum dem Gelben Punkt Richtung *Kappel.*
Nur ein paar Schritte sind es von hier bis zur nächsten Weggabelung, an der es links weitergeht. Dieser schmale Waldpfad ist zwar etwas holpriger, aber immer noch gut mit dem Kinderwagen zu befahren. Alsbald wandern wir durch eine dichte Fichtendickung und der Weg wird etwas breiter.
Dann geht es auf einem schmalen Saumpfad am Waldrand entlang. Schöne Wiesen, zwei Rastbänke und der weite Blick ins *Dreisamtal* laden (schon wieder) zu einer Rast ein. Dann gelangen wir zu einer Wegkreuzung mit Wandertafel. Hier geht es links weiter, dem bekannten Wanderzeichen (Gelber Punkt) Richtung Kappel fol-

gend (der Weg führt nicht über die Wiese, sondern rechts im Waldrand entlang). Nach den beiden Rastbänken geht es in steilen Serpentinen (kurze Tragestrecken) nach *Kappel* hinunter. Dabei bleiben wir auf dieser Hangseite und biegen unterwegs zweimal links ab. Die ersten Häuser stehen dann direkt am Waldrand und hier befindet sich noch eine weitere Rastbank. Von hier aus geht es auf der Teerstraße zur Hauptstraße. An der Hauptstraße halten wir uns rechts und sind nach wenigen Minuten wieder bei unserem Ausgangspunkt. Vorher kann man noch im Gasthaus »Kreuz« (Ruhetage: Montag und Dienstag; Betriebsferien: 2–3 Wochen im Januar; Gartenterrasse, kleiner Spielplatz mit Sandkasten) einkehren und den Ausflug in aller Ruhe ausklingen lassen.

Weilersbach – Holzeck – Girsberg – Birkenreute und zurück
ca. 9 km

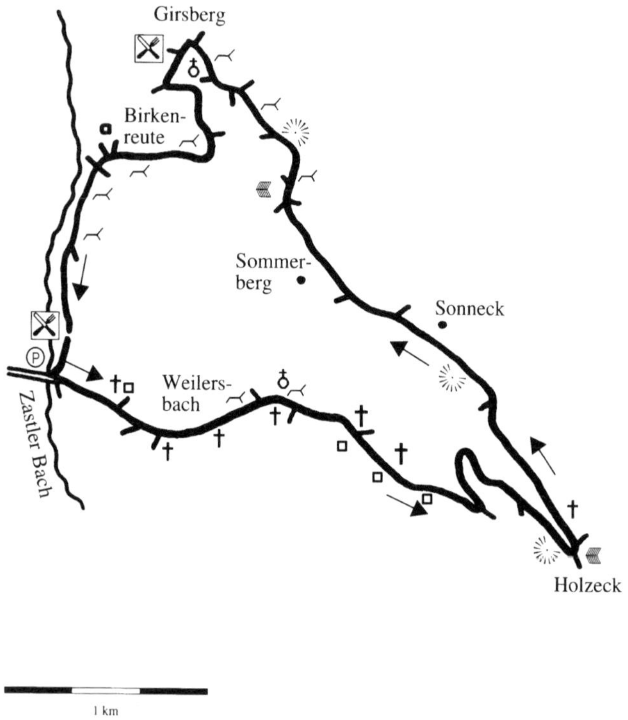

Weilersbach – Holzeck – Girsberg – Birkenreute und zurück

Bahnverbindung: Bahnhof Kirchzarten, ca. 1,2 km vom Girsberg entfernt oder den Bus nach Weilersbach: Winterhalter 271.

Anfahrt: über die B 31 bis Kirchzarten, von dort auf der L 126 Richtung Oberried; kurz vor den Sportplätzen nach links Richtung Weilersbach abbiegen.

Parkmöglichkeit: beim Gasthof »Schützen«, auf dem neuen Parkplatz links vor dem Bach.

Tourenlänge: ca. 9 km.

Hinweis: ganzjährig geeignet.

Gehzeit: ca. zwei Stunden und 45 Minuten.

Höhenunterschiede: am Anfang der Tour geht es beständig bergan bis man das Holzeck erreicht hat (Hm 280).

Wegezustand: überwiegend befestigte Forstwirtschafts- oder Teerwege, einige holprige Passagen zwischen der Grillstelle hinter dem Sommerberg und dem Girsberg.

Vom Parkplatz des Gasthaus »Schützen« gehen wir über den *Zastler Bach,* um dann geradeaus die Teerstraße hinaufzugehen, die nur für Anlieger frei ist. Die asphaltierte Straße führt uns an vielen Höfen und Häusern vorbei, und es geht stetig bergan. Ein gutes Stück nach dem letzten Bauernhof geht sie als gut befestigte Forststraße (›Weilersbacher Hütteweg‹) weiter. Einige Zeit später folgen wir dann links dem ›Holzeckweg‹ bergauf bis zum *Holzeck.* Die Bänke, der Tisch und eine sonnige Liegewiese laden zum Rasten ein. Dann geht es auf dem ›Sonneckweg‹ – mit der blauen Raute als Wegzeichen – weiter. Nach ca. 1,5 km verlassen wir die Forststraße, um nach links auf den breiten, deutlich steiler bergab führenden Waldweg einzubiegen (weiterhin unser Wegzeichen: blaue Raute). An der nächsten Verzweigung hält man

sich rechts und bleibt somit auf dem steiler bergab führenden Weg und folgt der bekannten Markierung.
Vom wenig später erreichten Grillplatz geht es geradeaus weiter. An der nun folgenden Verzweigung (mit Rastbank) hält man sich wiederum rechts. Auf dem Weg bis zum Girsberg öffnet sich vielerorts der Wald und gibt herrliche Ausblicke ins *Dreisamtal* frei. Man folgt jetzt der Beschilderung *Girsberg, Kirchzarten* und immer noch dem Zeichen der blauen Raute.
Am Girsberg befindet sich die Pilgergaststätte »St. Laurentius« (geöffnet: Samstag, Sonntag, Montag, Dienstag 11–23 Uhr; Mittwoch 11–18 Uhr; Freitag 15–23 Uhr; Ruhetag: Donnerstag; Betriebsferien: 2–3 Wochen während der Herbstferien) mit wunderschöner Gartenterrasse.
Von der nebenan gelegenen Kapelle geht es auf dem Waldweg mit der Markierung eines roten Balkens in Richtung *Birkenreute* (und Rundweg Silberbrunnen) weiter auf den Waldlehrpfad. An der nächsten Wegverzweigung wandern wir nach links und folgen der Markierung Roter Balken, Rotes Quadrat. Unser Weg führt jetzt erneut ein Stück bergan, bis man auf eine Forststraße trifft. Auf dieser geht es nun geradeaus bergab (Mountainbike-WM-Strecke).
Hat man den Birkenreutehof erreicht, geht es links auf dem Dreisamtal-Radwanderweg an den Wiesen vorbei (Markierung Rotes Quadrat Richtung *Oberried* und *Zastler*) weiter. Nach einigen Minuten gelangen wir zu einem Waldstück. Hier verlassen wir das Wanderzeichen Rotes Quadrat und den Rundweg Silberbrunnen und gehen auf dem rechten Waldweg weiter, vorbei an einigen dicken Douglasien. Bald verläßt man den Wald und wandert auf einem schmäleren Fußweg zwischen Wiesen hindurch. So gelangen wir zu unserem Ausgangspunkt, dem Gasthaus »Schützen«, zurück, dessen Terrasse im Sommer zum Ausruhen und zur Stärkung unter den Bäumen verlockt und für kleine Kinder einen Spielplatz bereithält.

6

Wildtal – Heuweiler – Glottertal – Gundelfingen und zurück
ca. 13 km

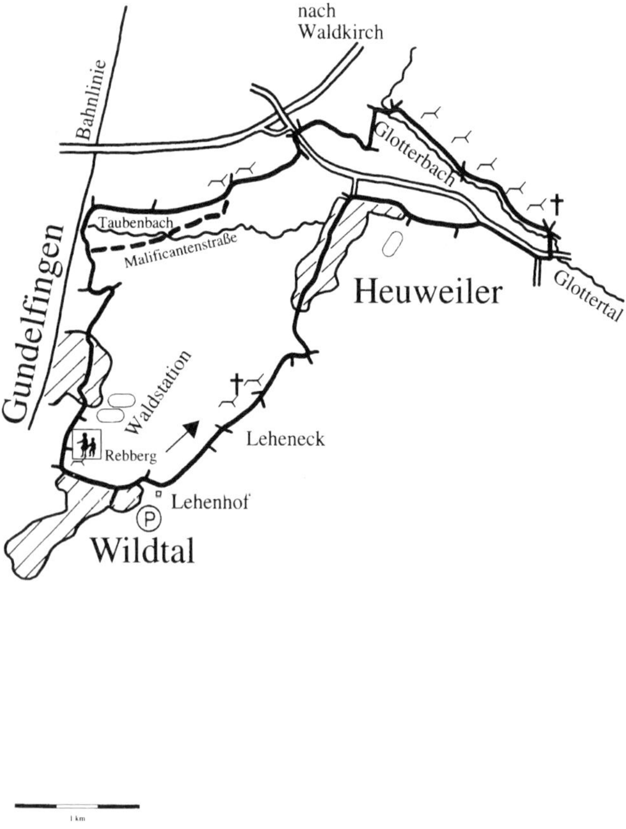

Wildtal – Heuweiler – Glottertal – Gundelfingen und zurück

Bahnverbindung: nach Gundelfingen, ca. 500 m vom Ausgangspunkt entfernt. Auch mit dem Freiburger Stadtbus Linie 15 zu erreichen.

Anfahrt: von Freiburg-Nord über Gundelfingen oder Zähringen nach Wildtal.

Parkmöglichkeit: beim Bürgermeisteramt im Heuweiler Weg.

Tourenlänge: ca. 13 km; Abkürzugsmöglichkeit bei Heuweiler; dann ca. 9 km.

Hinweis: ganzjährig geeignet.

Gehzeit: ca. 3,5 Stunden.

Höhenunterschiede: nur zu Beginn der Tour sind zum Leheneck ca. 60 m Höhenunterschied zu bewältigen, der Rest ist eben.

Wegezustand: überwiegend befestigte Land-, Forstwirtschafts- oder Teerwege; ein holpriger Abschnitt zu Beginn von ca. 300 m Länge zum Lehener Eck hinauf. Die Malificantenstraße ist ebenfalls sehr uneben.

Die Wanderung beginnt in Richtung Rebberg (Norden); dazu benutzen wir den ›Heuweilerweg‹. An der ersten Kreuzung halten wir uns rechts und folgen dem Wegzeichen mit dem gelben Punkt in Richtung *Wildtaler Eck, Lehener Eck, Heuweiler*. Am Ortsausgang führt der Weg rechts auf einer Teerstraße weiter bis zum nächsten Bauernhof. Hinter dem Gehöft geht es steil bergauf, und der Weg ist nach wenigen Metern nicht mehr geteert. Nach dem Aufstieg wird der höchste Punkt dieser Wanderung erreicht, das *Lehener Eck*.

Am großen Wegkreuz führt unser Weg weiter nach rechts, hinunter nach *Heuweiler*. An dieser Stelle verläßt man die Wegmarkierung Gelber Punkt. Der Weg geht später in eine geteerte Straße über.

Nach wenigen Minuten Laufzeit lädt der »Gehrihof« (Dienstag–Freitag ab 16 Uhr, Samstag und Sonntag ab 11 Uhr geöffnet; Ruhetag: Montag; Betriebsferien im November) zu einem Vesper ein. Wir wandern dann weiter bis zur Ortsmitte. Von dort geht es über die ›Dorfstraße‹ weiter bis zur ›Glottertalstraße‹, an deren Beginn das Gasthaus »Zur Laube« mit schöner Gartenterrasse ebenso zur Einkehr einlädt. Zu empfehlen sind aber auch die Gasthäuser »Rebstock« und »Grüner Baum«.

Auf der wenig befahrenen Glottertalstraße in Richtung *Glottertal* stößt man wenig später auf die Landstraße mit einem schmalen Bürgersteig. Wir wenden uns nach rechts und erreichen nach einigen Minuten den Ortsrand von *Glottertal*. Hier hat man eine reiche Auswahl an guten Gasthäusern, wie z. B. dem Gasthof »Zum Kreuz«. Wir biegen links in den ›Mühleweg‹ ein, passieren das Haus »Mühle«, den Glotterbach, wenden uns dann nach links und gehen weiter zur Umspannstation. Dort befindet sich ein schönes Wegkreuz. Nun führt der Weg entlang des Glotterbachs nach *Denzlingen, Einbollen* – die blaue Markierung weist den Weg. An der nächsten Kreuzung geht es geradeaus; vorbei an einem Rastplatz mit Brunnen führt der Weg parallel zum Glotterbach bis zur nächsten Wegverzweigung. Am Rasthof mit Brunnen besteht die Möglichkeit, den Bach auf einem schmalen Steg zu überqueren und dem Bachverlauf auf der anderen Seite auf einem nicht ganz so ebenen Erdweg zu folgen; dieser trifft bald wieder in einen geteerten Weg. Nun wendet man sich nach links, folgt für kurze Zeit der Beschilderung nach *Denzlingen, Bahnhof* (Wegzeichen: blauer Punkt) und überquert den Glotterbach. Jetzt befindet man sich auf einer schmalen Teerstraße und biegt bei der nächsten Möglichkeit nach links ab, überquert dabei einen kleinen Bach und verläßt das bekannte Wegzeichen.

Man kommt auf freies Feld und hält sich an der nächsten Möglichkeit rechts. Nach einiger Zeit geht es dann weiter nach links in Richtung der Straßenunterführung. Nach der Unterführung gehen wir zuerst wieder nach links und dann nach ca. 60 m nach rechts.

An der nächsten Verzweigung hält man sich links und an der darauffolgenden rechts (hier kann man auch geradeaus gehen und der historischen ›Malificantenstraße‹ durch das *Taubenbachtal* folgen).
Nach einiger Zeit kommt man auf eine weitere Teerstraße, der man ein gutes Stück nach links folgt, bis man zu einer Häusergruppe gelangt. Hier geht es geradeaus auf einem Teersträßchen weiter, dabei folgt man der Radwander-Markierung in Richtung *Wildtal, Gundelfingen* und *Freiburg*. Dieser Weg schlängelt sich durch die Landschaft bis zur Bahnlinie und dem Ortsrand von *Gundelfingen.* Man überquert die Hauptstraße und biegt in den ›Glotterpfad‹ (Radwanderweg nach *Freiburg, Wildtal*) ein. Nach ein paar Minuten biegt man in die Straße ›Am See‹ ein, die in einem Fußweg ihre Fortsetzung findet. Hier befindet sich ein großer Spielplatz und eine Teichanlage. Der Weg führt rechts an dem See vorbei sowie an einer Bäckerei und einer Volksbank; über ein paar Stufen (mit Kinderwagenspur) gelangt man zur ›Waldstraße‹, deren Verlauf wir rechts herum bis zur nächsten Kreuzung folgen. Hier wenden wir uns nach links, und schon nach wenigen Schritten folgt man auf dem ›Weiherweg‹ dem Wegweiser in Richtung Waldstadion. Wir nehmen das Teersträßchen oder alternativ dazu den Waldpfad und erreichen eine kleine Anhöhe. Von dieser Anhöhe geht es nun ein kurzes Stück bergab, bis zur Straße ›Am Rebberg‹, schließlich nach links und nach wenigen Minuten findet man, wenn man rechts in den ›Heuweilerweg‹ abbiegt, das geparkte Auto wieder.

Abkürzungsmöglichkeit in *Heuweiler:* Gegenüber dem Gasthaus »Zur Laube« auf dem geteerten Landwirtschaftsweg der Markierung weiß-blaues Rechteck in Richtung *Denzlingen* folgen. Nach ein paar hundert Metern verläßt man das Wegzeichen und biegt links in den neuen Teerweg ein. Dieser geht später in einen abschnittsweise etwas holprigen Landwirtschaftsweg über. An den Weggabelungen hält man sich jeweils halbrechts.

7

Suggental – Schloßwaldeck – Glottertal am Glotterbach zurück
ca. 12 km

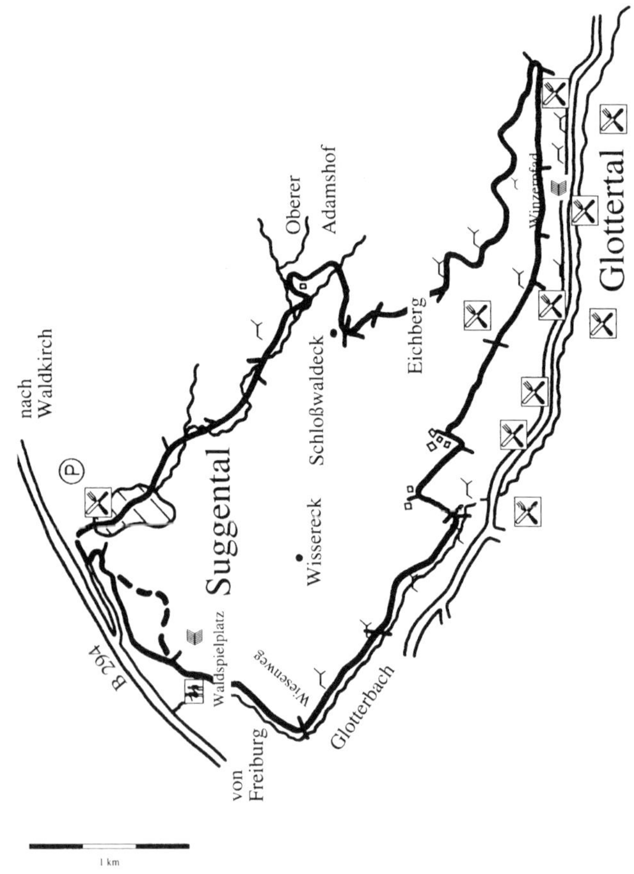

Suggental – Schloßwaldeck – Glottertal – am Glotterbach zurück

Bahnverbindung: Bahnhof Buchholz, ca. 1 km entfernt. Anfahrt auch mit dem SBG-Bus möglich (Linie 7206 und 7207).

Anfahrt: über die B 3 und L 294 in Richtung Waldkirch, Ausfahrt Suggental.

Parkmöglichkeit: beim »Hotel Suggenbad«.

Tourenlänge: ca. 12 km.

Hinweis: ganzjährig geeignet, am schönsten im Monat April zur Zeit der Obstbaumblüte; man sollte ein Seil zum Ziehen mitnehmen.

Gehzeit: etwa vier Stunden.

Höhenunterschiede: ständiger Anstieg zu Beginn bis zum Schloßwaldeck (Hm 280).

Wegezustand: überwiegend befestigte Forstwirtschafts- oder Teerwege, zwischen Schloßwaldeck und dem Eichbergweg während ca. 300 m ein schmaler, aber problemlos zu meisternder Waldpfad.

Auf der Talstraße gehen wir durch *Suggental* und folgen dabei der Markierung: gelber Punkt bis zur Kirche. An der Kirche gehen wir links vorbei, in die Richtung der Adamshöfe. Auf der Teerstraße geht es weiter (Wegzeichen: gelber Punkt) bis zum Oberen Adamshof. Dort verlassen wir den geteerten Weg und biegen nach rechts auf eine Waldstraße (zwischen zwei Gebäuden hindurch), die den Berghang hinaufführt (Wegzeichen: gelber Punkt). Bis zur Paßhöhe am Schloßwaldeck hat man noch einen anstrengenden Anstieg zu bewältigen. Auf der Anhöhe angekommen, lädt ein Rastplatz mit Tischen und Bänken zum Verschnaufen ein. Von hier aus gehen wir links in Richtung ›Eichberg-‹ und ›Fuchsfelsenrundweg‹ weiter (das neue Wegzeichen: grünes Dreieck oder grünes Eichenblatt mit II).

Nach etwa 200 m geht der Waldweg in einen schmalen Waldpfad über, auf dem der Kinderwagen mehrmals über Baumwurzeln gehoben werden muß. Wir verlassen dann das Wegzeichen grünes Dreieck, folgen aber weiterhin der Markierung: II auf grünem Eichenblatt in Richtung *Glotterbad.* Ab hier kommt man wieder problemlos mit dem Kinderwagen voran. Etwas später erreicht man eine gut mit dem Kinderwagen befahrbare Waldstraße, der man nach links folgt. Hier geht es an mehreren Weinbergen vorbei und durch einen schönen Laubwald, in dem man auf eine Teerstraße trifft, der man bis ins *Glottertal* hinunter folgt. Dort angekommen, biegt man sofort nach rechts, auf den Winzerpfad (Wegzeichen: grünes Dreieck und blauer Punkt), ab. Nach einigen Minuten erreicht man einen schönen Spielplatz. In *Glottertal* gibt es eine Reihe von gutbürgerlichen Gasthäusern, die teilweise auch gehobenen Ansprüchen gerecht werden.
Ein Teil des meist geteerten Winzerpfads ist übrigens ein ökologischer Lehrpfad. Unser Weg führt rechts am Friedhof vorbei und mündet in einen schmalen Erdweg (Markierung: blauer Punkt). Parallel zum Glotterbach, den man wenig später erreicht, verläuft ein geteerter Landwirtschaftsweg. Auf diesem wandern wir nun eine Zeitlang in Richtung *Denzlingen.* Kurz nach dem Picknickplatz am Weinberg verlassen wir unseren Weg, um auf dem ›Wiesenweg‹ am Waldrand entlang, in Richtung *Suggental* weiterzugehen (Wegzeichen: rotes Rechteck).
Nach ungefähr einer Viertelstunde gelangen wir zu einem sehr schönen Waldspielplatz und einer Schutzhütte. Geht man am Spielplatz vorbei, kommt man auf eine Teerstraße. Hier wendet man sich noch einmal nach rechts auf den ›Suggentaler Weg‹. Nach ca. zwei Minuten geht es auf dem ›Gerentweg‹ am Waldrand entlang weiter (Markierung: Rotes Rechteck). Wir gelangen auf diesem Weg bis zur Schnellstraße (B 294), hier verlassen wir unser Wanderzeichen und folgen rechts der schmalen Teerstraße. So gelangen wir auf eine wenig befahrene Kreisstraße. Dort halten wir

uns rechts und gelangen nach ca. 300 m zum Ausgangspunkt der Wanderung zurück.
Wer am Ende dieser Tour noch nicht aus der Puste ist und noch etwas für seine Kondition machen möchte, kann als Alternative auch den ›Einbollenrundweg‹ (Wegzeichen: Gelber Punkt) wählen, auf dem noch einmal ein kurzer, aber kräftiger Anstieg zu bewältigen ist. Man muß aber darauf achten, daß man nach der langgezogenen Linkskurve nicht mehr dem gelben Punkt folgt, sondern auf der Waldstraße bleibt, damit man wieder auf den Wanderweg, der mit dem Roten Rechteck gekennzeichnet ist, zurückkommt.

8

Ebringen-Fuchshalde – Ehrenstetten – Pfaffenweiler und zurück
ca. 12 km

Ebringen-Fuchshalde – Ehrenstetten – Pfaffenweiler und zurück

Bahnverbindung: nach Ebringen oder SBG-Bus Linie 7240.

Anfahrt: von Freiburg in Richtung Süden auf der neuen B 3 der Ausschilderung nach Ebringen folgen; einige hundert Meter nach der Bahnunterführung links abbiegen. Nach weiteren 300 m biegen wir ebenfalls nach links ab *(Ebringen, Talhausen)*. An der nächsten Kreuzung geht es dann weiter in die ›Dürrenbergerstraße‹. Später folgt man ein gutes Stück der ›Talhauserstraße‹. Am Ortsende führt uns der Weg (Talweg) nach rechts weiter, Richtung Wald-Grillplatz (Fuchshalde), immer am Waldrand entlang.

Parkmöglichkeit: Parkplatz am Wald-Grillplatz.

Tourenlänge: ca. 12 km.

Hinweis: ganzjährig geeignet; im Hochsommer einen Sonnenschirm für den Kinderwagen mitnehmen.

Gehzeit: ca. drei Stunden und 15 Minuten.

Höhenunterschiede: am Anfang der Tour geht es bergan, bis man Johannsruh unterhalb des Hohfirst erreicht. Dann geht es erst wieder bei Pfaffenweiler mehrmals stärker bergauf (Hm 190).

Wegezustand: befestigte Forstwirtschafts- oder Teerwege, keinerlei Probleme mit Kinderwagen.

Am Grillplatz vorbei gehen wir ein kurzes Stück bergab, danach hält man sich etwas links und wandert auf einem ausgefahrenen Grasweg (Wegzeichen: 57) am Waldrand entlang. So gelangt man zu einer breiten Teerstraße.
Jetzt geht man auf dem ungeteerten Weg links in den Wald hinein (›Hohfirstweg‹, Wegzeichen: 57 und 58). Durch wunderschöne Buchenwälder gelangen wir auf der ansteigenden Strecke zur Johannsruh, wir halten uns rechts und folgen weiter dem ›Hohfirstweg‹. Nun geht es einige Minuten gemütlich bergab.

An der nächsten Wegteilung hält man sich wiederum rechts (Wegzeichen: KE 5), biegt aber schon nach etwa 100 m nach links ab und folgt dem neuen Wegzeichen R 7 (Radwanderweg).
Auf einer Forstwirtschaftsstraße geht es links herum weiter ins *Altental* (weiterhin Wegzeichen R 7). Bis zu dem großen Kalkwerk geht es teilweise steil bergab. Unsere Wanderung führt an diesem vorüber, und wir halten uns stets am Waldrand.
Einige Zeit später gelangen wir auf eine Teerstraße. Bis zur nächsten Abzweigung folgt man der Markierung mit dem roten Punkt und bleibt dann auf der abwärtsführenden Straße, um den Ortsrand von *Ehrenkirchen-Ehrenstetten* zu erreichen. Von dort gehen wir geradeaus in die ›Thiergartenstraße‹, nehmen dann die ›Schmiege-Straße‹ bis zur Hauptstraße in der Ortsmitte. Linker Hand gibt es mehrere Einkehrmöglichkeiten.
Unsere Tour geht rechts herum weiter und nach wenigen hundert Metern verlassen wir die Hauptstraße. Wir folgen nun der ›Kirchbergstraße‹ und gehen anschließend links in den ›Federerweg‹, in dem sich eine Sitzbankgruppe befindet, auf der man sich etwas ausruhen kann.
Am Ende des Weges geht es zuerst nach rechts und dann nach links in den ›Eisbrunnenweg‹. Weiter geht es auf dem ›Biegartenweg‹, dann halten wir uns rechts und gehen bergan zu dem gut sichtbaren Wegkreuz. Wir begeben uns nach links in Richtung des Kirchturmes, gehen dann an der Kirche rechts vorbei und biegen ein wenig später rechts in die ›Bärenstraße‹ (später ›Kachelstraße‹) ein. Diese führt (uns) aus dem Ort hinaus, und wir befinden uns im Schneckental auf dem Weg nach *Pfaffenweiler* (Die Straße ist nur für PKWs und Radfahrer freigegeben).
In *Pfaffenweiler* angekommen, gehen wir rechts an der Kirche vorbei und auf ›Auf-dem-Rain‹-Weg weiter in Richtung Ortsmitte. Am folgenden Wegkreuz biegt man rechts in den ›Talackerweg‹ in Richtung *Hohebannstein* ein. Hier beginnt nun wieder ansteigendes Gelände.

Im Wald nimmt man links den ›St. Servatius-Weg‹ (Wegzeichen: blauer Punkt, 49a) zur St. Servatius-Kapelle, die es lohnt zu besichtigen.
Weiter führt unser Weg nach links, um die Kapelle herum (neues Wegzeichen: Gastliches Schneckental). Wenig später führt der Weg aus dem Wald heraus, und wir gelangen an den oberen Ortsrand von *Pfaffenweiler.* Hier geht es rechts bergauf in Richtung Wald, wo man nach wenigen Minuten das Schützenhaus und geradeaus weiter die historischen Steinbrüche erreicht. Folgt man dem Wegzeichen 49, kommt man bald wieder in die Weinberge und hat nicht selten eine herrliche Aussicht auf *Pfaffenweiler,* das Schneckental und den Batzenberg.
Auf dieser breiten Teerstraße geht es an der ersten Abzweigung nach rechts und an der nächsten geradeaus weiter. Schließlich gehen wir hinauf zu einem Weg am Waldrand, dort befindet sich auch eine Rastbank; dabei folgt man stets dem Wegzeichen Gastliches Schneckental. Wir nehmen den schmaleren Weg, der in den Wald hineinführt. Hier verläßt man das angeführte Wegzeichen. Nach einem kurzen Anstieg führt eine ebene Strecke aus dem Wald heraus, und man hat den schönsten Fernblick in die Rheinebene. Durch die Reben steigt man auf einer Teerstraße hinab. An der ersten Verzweigung halten wir uns rechts in Richtung des Waldrandes und gehen geradeaus weiter auf dem ungeteerten Forstwirtschaftsweg (›Dürrenbergweg‹, Wanderzeichen 58), um nach wenigen Minuten wieder aus dem Wald zu kommen. Ab hier geht es auf einem gut befahrbaren Grasweg (Wegzeichen: R 57, das erste Stück zu Beginn unserer Tour) in wenigen Minuten zum Ausgangspunkt unserer Wanderung.

Opfingen – Waltershofen – Opfinger Baggersee und zurück
ca. 13,5;
1. Abkürzung ca. 11,5 km; 2. Abkürzung ca. 12 km

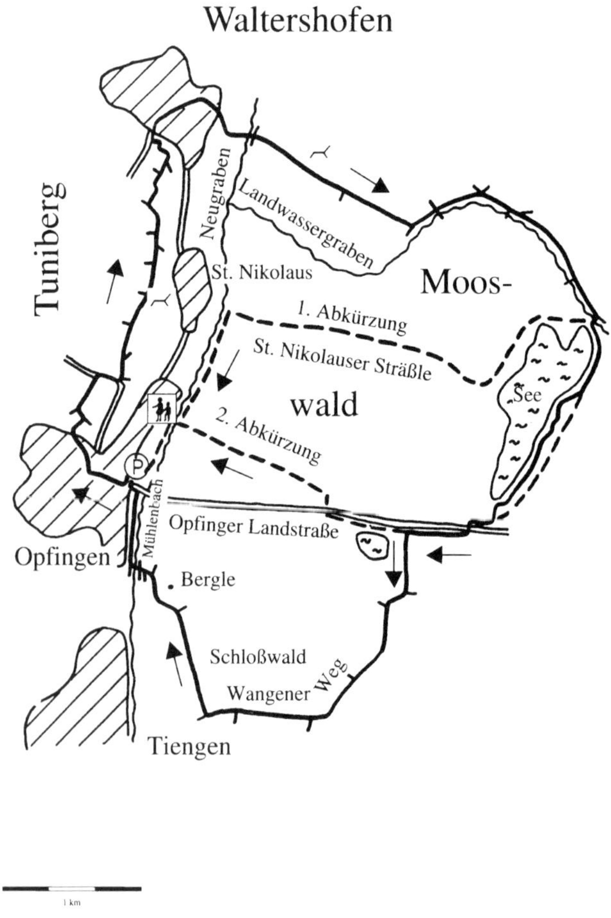

Opfingen – Waltershofen – Opfinger Baggersee und zurück

Bahnverbindung: keine, jedoch mit dem Stadtbus (Linie 32 und 33; Abfahrt: Endhaltestelle der Linie 5, Munzinger Straße) zu erreichen.

Anfahrt: von Freiburg-Stadtmitte nach Westen in Richtung Haslach / St. Georgen, auf der ›Opfinger Straße‹ zum Tuniberg nach *Opfingen.*

Parkmöglichkeit: am Ortseingang rechts auf dem Parkplatz von Kirche und Schule.

Tourenlänge: ca. 13,5 km, Abkürzungsmöglichkeit vor (dann insgesamt 11,5 km) und nach (dann insgesamt 12 km) dem Opfinger Baggersee.

Hinweis: ganzjährig geeignet, außer an heißen Tagen im Hochsommer. Bademöglichkeit im Opfinger Baggersee.

Gehzeit: gut drei Stunden.

Höhenunterschiede: zu Beginn ca. 40 Hm zu den Weinbergen, anschließend im Tuniberg einige kurze Anstiege (insgesamt Hm 100).

Wegezustand: überwiegend Teerwege oder gut befestigte Land- und Forstwirtschaftswege; vor *Waltershofen* auf knapp 100 m ein etwas holpriger Grasweg, der die Rebterrassen hinabführt.

Durch *Opfingen* gehen wir auf der ›Freiburger-‹ und der ›Dürleberg-Straße‹ zu der Abzweigung nach *Merdingen.* Dort halten wir uns links zur Weinverkaufsstelle in Richtung *Griestal,* vor der rechts eine geteerte Straße zu den Weinbergen hinaufführt (hier halten wir uns nicht mehr in Richtung *Griestal*). Nach kurzer Wegstrecke geht man links, und dann rechts zu den Aussiedlerhöfen. Auf der Landstraße geht es für ca. 150 m nach rechts in Richtung des Schwarzwaldes. Diese Landstraße verlassen wir dann bei der Kurve nach links (Wegzeichen 9 und 10). Nach 30 m verzweigt sich die Teerstraße, und wir wählen den unteren Weg linker Hand

und befinden uns nun bereits auf dem ›Tuniberg-Höhenweg‹, der an- und absteigt.
Für längere Zeit bleibt man jetzt ohne abzubiegen auf diesem Weg. Am Ende des ›Tuniberg-Höhenwegs‹ führt unser Wanderweg nach links (Wegzeichen: rotes Dreieck). An der nächsten Wegegabelung gehen wir rechts weiter, kurz danach endet die geteerte Strecke, und sie geht in einen gut befestigten landwirtschaftlichen Weg über. Hier verlassen wir sowohl den ›Tuniberg-Höhenweg‹ als auch das rote Dreieck und laufen geradeaus auf dem grasbedecketen Landwirtschaftsweg weiter. An dessen Ende wendet man sich nach links auf einen Grasweg. Ab hier geht es nach rechts weiter und dann wieder nach links, wobei der Weg bergab führt.
So erreichen wir *Waltershofen* oberhalb des Friedhofs. Gegenüber liegt die Gaststätte »Fortuna«, in deren Biergarten man sich stärken kann (Ruhetage: Montag und Dienstag; Betriebsferien: drei Wochen im August; am Sonntag ganztags geöffnet, sonst ab 16 Uhr; Wickelmöglichkeit im Nebenzimmer).
Wir gehen auf der Hauptstraße (›Schutternstraße‹) in Richtung *Umkirch* weiter. Kurz vor dem Ortsende biegen wir rechts in den ›Breikeweg‹ ein und folgen ab hier der Markierung, die ein gelbrotes Quadrat aufweist. Etwas später überquert man den ›Neugraben‹ und einen Radweg und folgt dem Teerweg geradeaus Richtung Waldrand. Am Waldrand ist der Weg zwar nicht mehr geteert, aber sehr gut mit dem Kinderwagen befahrbar. Im Mooswald trifft man ebenfalls auf gut begehbare Forststraßen. Immer noch richtet man sich nach dem bekannten Wegzeichen, so daß der später hinzukommende Landwassergraben, stets rechts von uns fließt. Nach vielen Minuten schöner Wanderung muß man eine Schranke umfahren, und überquert dann nach ca. 300 m (noch vor der Autobahn) den Graben auf der rechten Seite bei einer kleinen Furt.
Den See umrundet man auf der östlichen Seite.
An der nächsten Verzweigung hat man die Möglichkeit, entweder auf der oberen Forststraße weiterzugehen oder sich rechts zu

halten und dem Fußweg am Seeufer entlang zu folgen. Beide Wege treffen an der Bootsabladestation wieder aufeinander (Im Sommer befindet sich hier auch ein Kiosk und ein WC). Von hier folgt man der Teerstraße und geht links auf den Parkplatz und zur Landstraße, die man durch den kleinen Tunnel unterqueren sollte. Auf dem Fuß- und Radweg geht es nach links ein kurzes Stück entlang der Hauptstraße nach Westen.
An der ersten Möglichkeit biegt man links in den ›Wangener Weg‹ ein, auf dem man das ganze Waldstück hindurch bleibt. Dabei sollte man aufpassen, daß man die Abzweigung links über den Waldbach nicht verpaßt. Nach einer guten halben Stunde kommt man aus dem Wald heraus und folgt der Teerstraße übers freie Feld einen kleinen Hügel hinauf. Alsbald biegt man rechts in einen Landwirtschaftsweg ein, der auf der Höhe des Blankenbergs entlang führt. Kurze Zeit später sieht man bereits die Bergkirche von *Opfingen.* Man wandert nur noch links um das Bergle herum und zum Mühlbach, an dem man bis zum Auto auf der rechten Seite entlang geht.

1. Abkürzung: Bevor man den Opfinger Baggersee erreicht, wendet man sich nach rechts auf dem westlichen Seeweg (Schranke!). Über das ›Sankt Nikolauser Sträßle‹ und den Radweg am Mühlbach entlang, gelangt man zurück nach *Opfingen.*

2. Abkürzung: Man folgt der Landstraße nach *Opfingen* auf dem Rad- und Fußweg bis fast zum Ende des Parkplatzes des kleinen Opfinger Sees. Hier überquert man die Landstraße auf der Höhe der Bushaltestelle ›Kleingärten‹ und folgt dem anfangs geteerten Weg in den Wald. Nach ca. 200 m geht es links durch ein kleines offenes Gebäude hindurch in die Kleingartenanlage hinein. Die nächste Möglichkeit geht es wieder nach links, und dann geht es nach rechts weiter. Auf diesem Weg geht es dann immer geradeaus in Richtung Tuniberg. An den folgenden Verzweigungen biegt man nicht ab. Erst nachdem man den Mühlbach überquert hat, wendet man sich nach links und gelangt so zum Anfang der Tour zurück.

Neuershausen – Nimburg – Bottingen und zurück
ca. 10,5 km

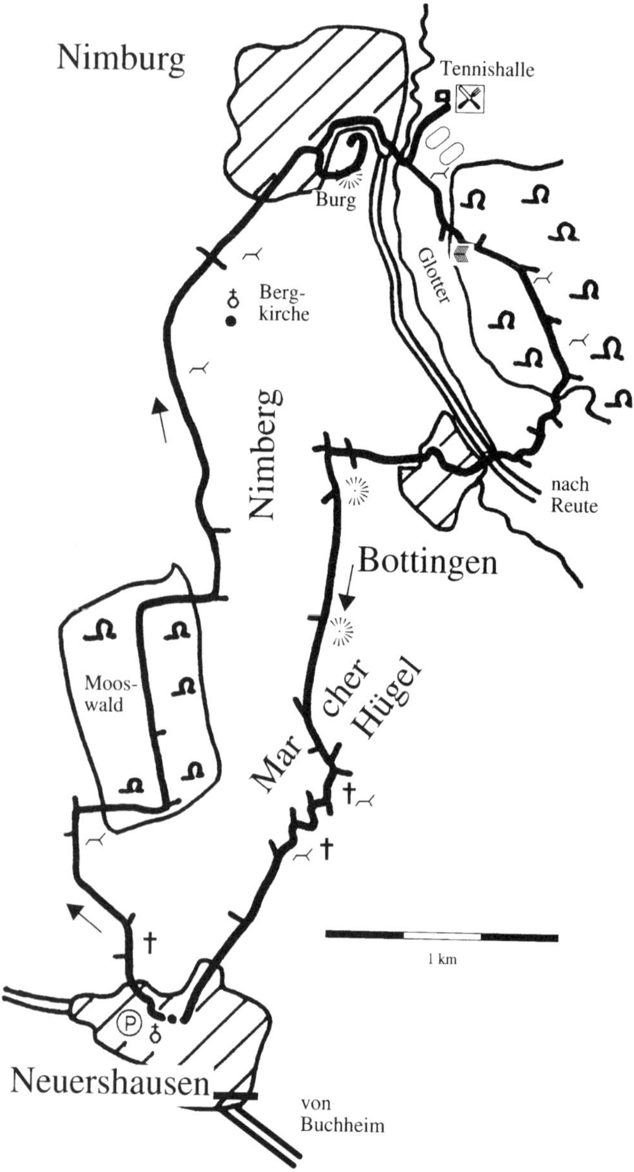

Neuershausen – Nimburg – Bottingen und zurück

Bahnverbindung: keine; Busverbindung: SBG-Bus Linie 7212.

Anfahrt: von Freiburg auf dem Autobahnzubringer Freiburg-Nord, dann geradeaus weiter über Holzhausen und Buchheim nach Neuershausen.

Parkmöglichkeit: in der Ortsmitte bei der Kirche und dem Rathaus in der Rathausstraße.

Tourenlänge: ca. 10,5 km.

Hinweis: für hochsommerliche Tage nicht gut geeignet; zu empfehlen vor allem während der Kirschblüte im April / Mai.

Gehzeit: ca. 3 Stunden.

Höhenunterschiede: die ganze Strecke ist nahezu eben, nur von Bottingen den Nimberg hinauf geht es etwas steil bergan (Hm 50).

Wegezustand: ein großer Teil der Strecke ist asphaltiert, der andere besteht aus befestigten Erdwegen. Nach Bottingen führt durch die Weinberge ein etwa 200 m langer unbefestigter Grasweg, der nach Regenwetter aufweichen könnte; man kann ihn aber auf einem oberhalb liegenden Parallelweg umgehen.

Vom Rathaus aus gehen wir zuerst an der Kirche vorbei. Wenige Schritte später biegen wir links in die ›Höllgasse‹ ein. Anschließend geht es rechts in den ›Haelmenwinkel‹ und aus dem Ort hinaus. Bei der ersten Verzweigung am Wegkreuz halten wir uns rechts und folgen der nicht mehr asphaltierten Straße (Markierung: Rotes Eichenlaub). Bei der nächsten Verzweigung nach links, und ein wenig später geht es nach rechts in Richtung Wald. Mit ein bißchen Glück kann man hier Störche bei der Nahrungssuche beobachten.
Im Wald nimmt man den ersten Weg links (Schranke; Wander-

zeichen: Rotes Eichhörnchen) in nördlicher Richtung. Im Osten kommen wir aus dem Wald heraus und gehen an der nächsten Abzweigung wieder nach links. Nach etwa 100 m beginnt wieder ein asphaltierter Weg, auf dem man bis *Nimburg* bleibt.

Dort folgt man zunächst der ›Antoniter-‹, ein kurzes Stück der ›Langstraße‹, dann der ›Burgstraße‹ (Markierung: rotes Reh). Auf der Hauptstraße (›Bottinger Straße‹) führt der Weg nach rechts, kurz darauf nach links über die *Glotter* in die ›Waldstraße‹ und dann nochmals nach links in die ›Waidplatzstraße‹ in Richtung des Tenniszentrums. Eine Gartenwirtschaft lädt zu einer Verschnaufpause ein (Ruhetag: vom 1. September bis 1. Mai samstags, ansonsten kein Ruhetag; Wickelmöglichkeit im Kinderzimmer).

Nach der Stärkung gehen wir zurück zum Sportplatz. Nach der Nimberghalle wandern wir links auf der Teerstraße weiter, kommen bei den Kleintierzüchtern vorbei und folgen von dort der Markierung mit der Roten Raute auf gelbem Grund. Im Wald biegt man bei der ersten Verzweigung nach rechts auf den ›Bottinger Weg‹ ab und folgt der Beschilderung nach *Bottingen.* Hat man den Wald hinter sich gelassen, trifft man wieder auf einen geteerten Weg, der bis *Bottingen* führt. Dort bietet sich der Gasthof »Adler« oder der »Landgasthof Rebstock« zur Einkehr an (Ruhetag: Dienstag; Betriebsferien: Mitte Januar bis Anfang Februar; Wickelmöglichkeit im Fernsehraum).

Unsere Tour führt dann hinter dem Gasthaus »Adler« weiter, die Straße hinauf. Nach 30 m geht man links auf der ›Weinbergstraße‹ weiter. Nach der Linkskurve geht es rechts den nicht asphaltierten landwirtschaftlichen Weg hinauf. Hat man den ansteigenden Hohlweg bewältigt, geht es an der Kreuzung geradeaus weiter (Markierung: Rotes Reh) und an der nächsten Verzweigung nach links, wobei man die Markierung schon wieder verläßt.

Von hier an gibt es für einige Zeit keine asphaltierten Wege mehr. Nach ca. 60 m muß man sich an der nächsten Wegegabelung nach links wenden. Auf diesem Teilstück bietet sich eine herrliche Fernsicht auf die Schwarzwaldberge.

Nachdem man die Hochspannungsleitung unterquert hat halten wir uns links und haben nun den mit dem Kinderwagen etwas schwieriger zu befahrenden Graswegabschnitt vor uns. Auf der Teerstraße, der man linker Hand folgt, wird das Kinderwagen-Schieben wieder einfacher. Man hat nun die *Marcher Hügel* erreicht. An der nächsten Verzweigung halten wir uns rechts. Nach wenigen Metern biegt man wiederum rechts ab. Hier gelangen wir auf einen etwas schmäleren Teerweg. An einer Rebzeile befindet sich die Wandermarkierung Rotes Eichenlaub. Anschließend folgt man dem in Serpentinen abwärts führenden Teerweg. Der Weg wird immer steiler, und in dem kurzen Hohlwegabschnitt ist er sehr steil. Unten angekommen wenden wir uns nach links und gelangen auf dieser Teerstraße zur Kirche von *Neuershausen* zurück.

Reute – Wasser – Emmendingen – Teningen und zurück
ca. 14 km
1. Abkürzung ca. 10,5 km; 2. Abkürzung ca. 13 km

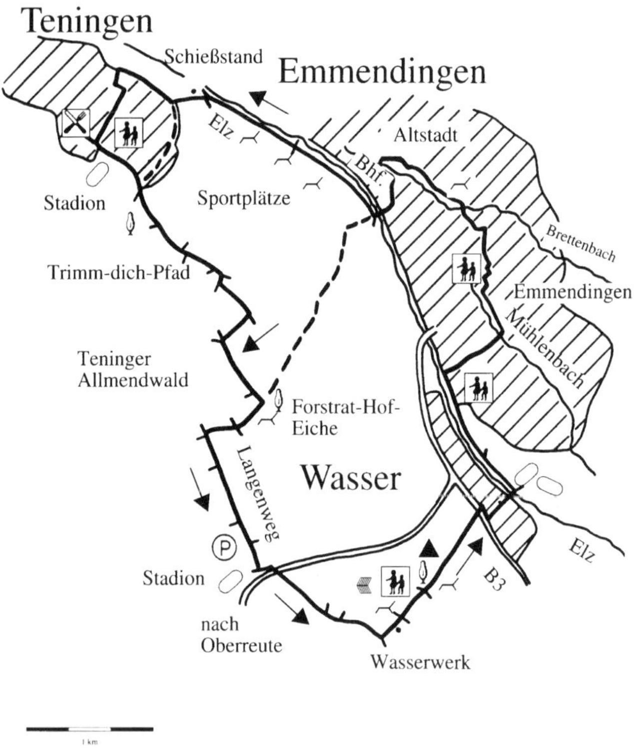

Reute – Wasser – Emmendingen – Teningen und zurück

Bahnverbindung: Bahnhof Emmendingen; Busverbindung: SBG-Bus Linie 7200.

Anfahrt: von Freiburg Richtung Norden auf der B 3 bis Wasser, von dort auf der K 5141 Richtung Reute, 300 m vor Ober-Reute befinden sich rechts Sportplätze.

Parkmöglichkeit: Wanderparkplatz Waldeck-Stadion.

Tourenlänge: ca. 14 km, mit Abkürzung 13 km bzw. 10,5 km.

Hinweis: ganzjährig geeignet.

Gehzeit: ca. vier Stunden.

Höhenunterschiede: keine Steigungen, nur ebene Wege.

Wegezustand: überwiegend befestigte Land-, Forstwirtschafts- oder Teerwege; einige holprige Abschnitte am Anfang der Tour. Die übrigen schmalen Waldwege sind gut mit dem Kinderwagen zu befahren.

Diese Wanderung ist die abwechslungsreichste der hier vorgestellten Touren. Sie führt durch Wälder und Ortschaften, entlang an Gewässern und durch offenes Feld, so daß man einen guten Einblick in die Kulturlandschaft des Oberrheingrabens erhält.
Zuerst gehen wir vom Wanderparkplatz zurück zur Kreisstraße, dann etwa 10 m nach links und auf der anderen Straßenseite in den Wald hinein. Wir folgen dem Wegzeichen der roten Raute auf gelbem Grund. In den ersten Minuten ist es nicht sonderlich bequem, den Kinderwagen zu schieben; zudem sollte man aufpassen, daß man die Markierung nicht verliert, wenn es rechts über den Graben geht. (Falls die kleine Mulde voll Wasser ist, geht man zum Abbiegen einfach wieder einige Schritte zurück; am Ende des gut sichtbaren Pfades kann man auf aufgeschichteten Stämmen (der Bau eines Steges ist im Gespräch) den Wasserlauf überwinden.

Eine weitere Alternative wäre zuerst dem Radweg entlang der Straße zu folgen und nach ca. 300 m in den ›Nonnenhölzleweg‹ einbiegen.) Nach kurzer Zeit wird das Kinderwagen-Schieben wieder angenehmer, da wir auf eine Teerstraße (›Hirtenweg‹) gelangen, der wir linker Hand folgen. Wir gehen am Wasserwerk »Mauracherberg« und an einem Waldspielplatz mit Grillstelle vorbei, immer geradeaus in Richtung *Wasser.*

Die Bundesstraße überqueren wir an der Fußgängerampel, dann gehen wir nach rechts und biegen anschließend links in Richtung Elzhalle in die ›Grünstraße‹ ein (in der ›Grünstraße‹ befindet sich ein kleiner »Tante-Emma-Laden«). Wir gehen weiter bis zur Elz, über die Brücke und dann links auf dem Dammweg in Richtung *Emmendingen.* Nach einiger Zeit gelangen wir an eine Kleingartenanlage, nach der wir der zweiten Abzweigung folgen, die direkt an einem Spielplatz vorüber führt. Auf diese Weise kommen wir in ein Wohngebiet von *Emmendingen.* Bis zur nächsten größeren Straße geht man weiter, um dann geradeaus in der Straße ›Im Grün‹ (Tempo-30 Zone) bis zum Einkaufszentrum entlang zu gehen. Hier folgt man der ›Lessingstraße‹ bis zum Mühlbach. Vor der Brücke biegt man links in den Rad- und Fußweg ein. Die nächsten Minuten folgt man dem aufgestauten Mühlbach. Bei der Siedlerbrücke überquert man an einer Ampel die Straße und geht dann geradeaus den Fußweg weiter, der entlang dem Wassergraben, der schönen Pappelreihe und an wunderschönen Hausgärten angelegt wurde. Schließlich geht es wieder über eine kleine Brükke und links durch eine neue Siedlung, an deren Ende man wiederum links den Fuß- und Radweg benutzt und dort gleich den neu angelegten Spielplatz sieht, der mit vielfältigen Holzgeräten, Sandkästen und einer Wasserpumpe mit Matschrinne ausgestattet ist. Gegenüber befindet sich ein Einkaufsmarkt.

Unsere Tour führt weiter den Fußweg die Böschung hinauf zur Straße, links auf die Eisenbahnbrücke, gleich wieder links und dann rechts in die ›Herrmann-Günth-Straße‹ hinein, auf der man

zur Brettenbachbrücke kommt. Nach der Brücke führt der Weg links durch eine kleine Parkanlage, über den Zebrastreifen, hinein in die Fußgängerzone von *Emmendingen.* In der hübschen Altstadt gibt es vielfältige Einkehrmöglichkeiten, die teilweise mit Freiterassen ausgestattet sind.
Im Ortszentrum befindet sich ein großer Springbrunnen, an dem wir vorbeigehen, um dann geradeaus weiter in die ›Lammstraße‹ (Fußgängerzone) und in die ›Cornelia-Passage‹ zu gelangen. Nach einigen Metern geht es wieder über den Brettenbach, am Bahnhof vorbei und gleich dahinter rechts durch die Unterführung.
Auf der anderen Seite der Bahnlinie verläuft die Strecke geradeaus weiter, anschließend rechter Hand auf der ›Schützenstraße‹ bis zur Elz, die man überquert, um dann rechts dem oberen Elzdammweg zu folgen. Nach ca. 1,5 km (nur eine Straßenüberquerung) gehen wir hinunter auf die Teerstraße, vorbei am Schießstand und erreichen den Ortsrand von *Teningen.* Dort halten wir uns zunächst rechts und erst bei der fünften Abzweigemöglichkeit (Zigarettenautomat, Fußweg) biegen wir links ab. Auch an der ›Albrecht-Dürer-Straße‹ halten wir uns links und gehen danach rechts in die ›Franz-Schubert-Straße‹ hinein, die zu einem weiteren Spielplatz führt, den man durchquert. Auf der nächsten Straße wandert man noch einige Meter nach rechts. Hier kann man übrigens eine Zwischenrast in der »Jahn-Stube« einlegen (täglich geöffnet ab 11 Uhr, montags ab 16 Uhr geöffnet; kein Ruhetag; schöne Gartenterrasse).
Die Wanderung wird dann weiter in südlicher Richtung fortgesetzt, vorbei am ›Emil-Schindler-Stadion‹ auf der ›Ludwig-Jahn-Straße‹ bis zu einer Schutzhütte. Von dort geht es auf der Teerstraße in Richtung des Trimm-Dich-Pfads. Nun geht es am Waldrand entlang, und beim ›Denzlingerweg‹ biegen wir nach rechts, nach einigen Metern folgen wir nach links dem Wegzeichen mit der Nummer 8. Auf diesem gut begeh- und befahrbaren Waldweg erreicht man den Trimm-Dich-Pfad, auf dem es einige Minuten

weiter geht. Unser Weg führt hier durch einen schönen Laubwald, an dessen Ende wir eine Forststraße (wieder der ›Denzlingerweg‹) erreichen, auf der man linker Hand weitergeht bis zur Forstrat-Hof-Eiche, dann nach rechts auf einen Waldweg, der mit einer blauen Raute markiert ist und Richtung *Nimburg* führt. Über den ›Emmendinger Weg‹ wird der Kinderwagen weiter geradeaus geschoben bis zum ›Langenweg‹ (blaue Raute). Hier biegen wir links ab in Richtung *Reute* und verlassen somit das bekannte Wegzeichen. Von hier sind es nur noch wenige Minuten bis zum Parkplatz.

Erste Abkürzungsmöglichkeit nach der zweiten Elzüberquerung in *Emmendingen,* wobei man ca. 3,5 km einspart: Man folgt stets dem Wegzeichen mit der blauen Raute bis zur Forstrat-Hof-Eiche.

Die zweite Abkürzungsmöglichkeit hat man am Ortsrand von *Teningen,* die knapp einen Kilometer Wegersparnis bedeutet: Man hält sich links und gelangt auf der ›Forsthausstraße‹ zur Wegverzweigung mit der Schutzhütte. Diese Abkürzung empfiehlt sich, wenn man nicht in der »Jahn-Stube« einkehren will.

Burkheim – Sasbach – Jechtingen und zurück
ca. 15 km; mit Abkürzung ca. 9 km

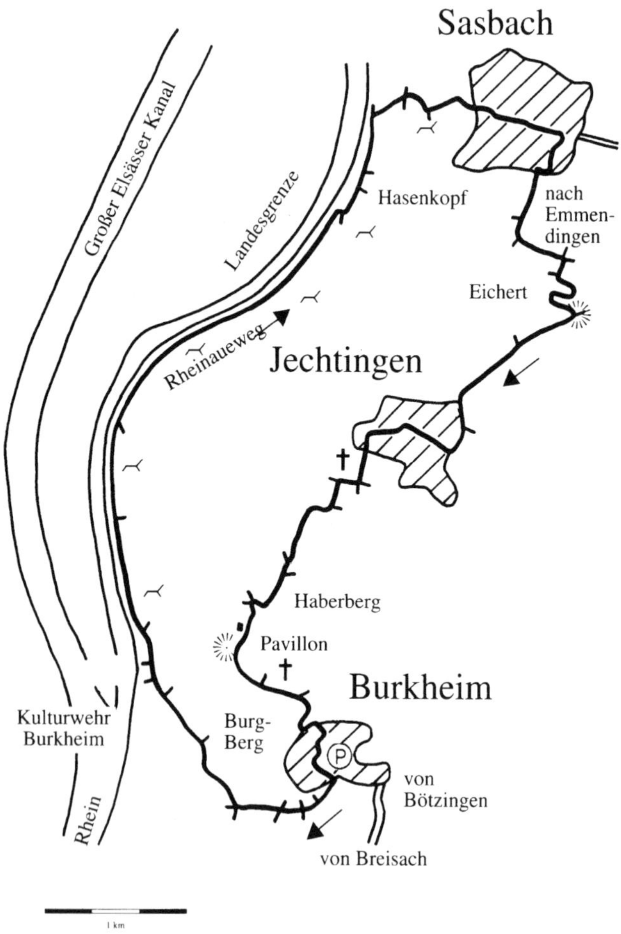

Burkheim – Sasbach – Jechtingen und zurück

Bahnverbindung: nach Sasbach; Bus der Firma Schmitt Linie 295.

Anfahrt: von Freiburg auf der Autobahn Richtung Norden bis Ausfahrt Teningen, über Eichstetten und Bötzingen nach Burkheim; oder auf der Autobahn Richtung Süden bis Ausfahrt Bad Krozingen, über Breisach nach Burkheim.

Parkmöglichkeit: im Unterdorf an der Schule oder 100 m daneben auf dem Parkplatz ›Mittelstadt‹.

Tourenlänge: ca. 15 km; mit Abkürzung ca. 9 km.

Hinweis: nicht für heiße Tage geeignet, da der Weg am Rheindamm und durch die Weinberge gänzlich ohne Schatten ist. Bademöglichkeit im Sasbacher See.

Gehzeit: ca. 4,5 Stunden, mit Abkürzung knapp 3 Stunden.

Höhenunterschiede: größtenteils eben; erster Anstieg erst nach Sasbach auf den Weinberg »Eichert« (Hm 70); der zweite und letzte Anstieg führt von Jechtingen auf den Haberberg (Hm 90).

Wegezustand: problemlos mit dem Kinderwagen zu bewältigen: nur geteerte Strecken und gut befestigte landwirtschaftliche Wege.

Zunächst folgt man auf der Rheinstraße der Beschilderung zum Rheinauestadion (liegt direkt am Rhein). Von dort kann man zum Damm hinaufgehen und sich das Kulturwehr von *Burkheim* ansehen. Im Wald kann man auch den zur Straße parallel verlaufenden Weg benutzen. Unsere Tour führt uns unten am Vereinsheim entlang, wobei die Markierung mit dem roten Punkt maßgeblich ist. Dabei läßt man den Altrheinarm im wörtlichen Sinne links liegen.

Der Asphaltbelag endet nach ca. 50 m, und wir befinden uns für längere Zeit auf dem Rheinaueweg und haben die Möglichkeit, viele Arten von Wasservögeln zu beobachten.

Bei der nächsten Verzweigung halten wir uns links und folgen somit dem Wegweiser nach *Limburg.* Auf einer der sonnigen Bänke kann man sich ausruhen, bevor man an der zweiten Schranke nach der Staustufe (hier teilt sich der Wald), den Dammweg verläßt und sich nach Osten wendet (Markierung: rote Weinrebe). Nach etwa 40 m geht es nach links. Für kurze Zeit befindet man sich auf dem Kaiserstuhl-Radwanderweg. Die nächste Walddurchfahrt ist zwar etwas holpriger, aber kaum schwierig. Im Wald weist uns das Zeichen mit dem roten Punkt und den Wellenlinien nach ca. 150 m den Weg nach rechts. Auf schmalem Pfad gehen wir durch das Waldstück, überqueren einen Hochwasserdamm und gelangen so zum Sasbacher Badesee, in dem man sich ausgiebig erfrischen kann. (Falls das Grundwasser zu hoch steht, geht man wieder zurück, folgt dem ersten Feldweg nach links bis zum nächsten Altrheinarm, geht über die Brücke und dann links auf dem Hochwassserdamm weiter. Nach wenigen Minuten stößt man auf einen querverlaufenden Waldweg. Diesem folgt man dann rechts den Damm hinunter, geht geradeaus in den Wald hinein und sieht auf der rechten Seite den Badesee liegen.)
Die Wanderung geht an der gegenüberliegenden Seite des Sees weiter. Hier führt uns ein schmaler Pfad in den Wald hinein zu einer Tennisanlage. Man geht vor dieser links weiter, geht über eine kleine Brücke und folgt dem Waldweg bis zur Waldfestbühne am Ostrand von *Sasbach.* Geradewegs die kurze Teerstraße hinauf, wendet sich dann nach links auf den Rad- und Fußweg und bei der nächsten Möglichkeit nach rechts in Richtung Kirche. An der Kirche gehen wir links herum und erreichen so eine große Kreuzung in der Ortsmitte. Der Gasthof »Zum Löwen« mit seiner Freiterrasse ist ideal, um eine weitere Pause einzulegen (Ruhetag: Montag, außer Ostern und Pfingsten, dann am darauffolgenden Mittwoch; Betriebsferien: 14 Tage im Januar; Wickelmöglichkeit im Nebenzimmer).
Ein kurzes Stück geht es auf der ›Hauptstraße‹ in Richtung

Emmendingen weiter bis zur Bahnüberquerung. Nach der Bahnüberquerung biegen wir rechts in den ›Lindenweg‹, dann links und wieder rechts in den ›Eschenweg‹, um abermals rechts in die ›Weinstraße‹ abzubiegen (Wegzeichen: grüner und roter Punkt). Nach ca. 70 m folgt man dem Hinweisschild ›Eichert 3‹ und dem roten Punkt nach links auf eine asphaltierte Straße. Alsbald verlassen wir diese Markierung wieder und gehen geradeaus bis zu einer hohen Böschung weiter. Hier folgen wir links herum der Teerstraße. Vorerst biegen wir nirgends mehr ab. An einer Rechtskurve geht unser Weg ein kurzes Stück wieder bergab. Die bekannte Wegmarkierung gilt jetzt nicht mehr, sondern wir gehen geradeaus auf dem berganführenden, geteerten Weg weiter. Dieser führt uns in weiten Serpentinen immer weiter den Weinberg hinauf. An der nächsten geteerten Wegverzweigung halten wir uns rechts, und jetzt geht es nur noch ein kleines Stück bergan. Vom höchsten Punkt aus kann man bereits den Ort *Jechtingen* erkennen.
Hat man den Ortsrand von *Jechtingen* erreicht, biegt man gleich nach den Bahngleisen nach links in die ›Kosmas-Bohn-Straße‹ ein. Wir gehen dann geradeaus an der Bahnlinie weiter (Fuß- und Radweg), biegen rechts in die ›Rosenstraße‹ ein und folgen dabei der Markierung: grüner Punkt. Auf diesem Weg gelangt man mitten in den Ort. Man überquert die Hauptstraße und folgt der Beschilderung in Richtung der Sportanlage. Am nächsten Wegkreuz biegen wir links in die ›Gartenstraße‹ ein. Am Ende wendet man sich nach rechts, dann nach links in den ›Humbergweg‹ in Richtung Weingut. Diese Straße führt aus *Jechtingen* heraus. Am Ende der Straße geht es nach rechts weiter. Nach 70 m biegt man links auf den etwas steiler werdenden hinaufführenden Teerweg ein (den Weinberg hoch), dabei verläßt man die Markierung grüner Punkt. Hält man sich am Waldrand rechts, so gelangt man auf den Wanderweg, der als Kennzeichen eine rote Weinrebe hat. Kurz darauf geht es zunächst rechts steil bergab und dann gleich wieder links (von hier an gilt wieder die Markierung: roter Punkt).

Noch einmal geht es in den Wald hinein, und man muß ein kurzes Stück den Berg hinaufsteigen, bevor man auf einen, auch für Kinderwagen gut befahrbaren Grasweg kommt. Unser Weg führt an einem Pavillon vorbei, von dem man eine weite Sicht auf die Rheinebene und die Vogesen hat. Das letzte Stück führt uns auf einer geteerten Straße durch schöne Hohlgassen mit eindrucksvollen Gehölzformationen hinab nach *Burkheim.* In *Burkheim* selbst sollte man die Ruine des Schlosses und den historischen Dorfkern besichtigen. Zurück zum Auto findet man, indem man sich rechts hält und so ins Unterdorf gelangt. Über die ›Tullastraße‹ erreicht man wieder den Parkplatz ›Mittelstadt‹.

Abkürzung: Vom Rheinaueweg dem roten Punkt in Richtung »Café Jägerhäusle« (Ruhetag: Montag) folgen. Vom Café geht es weiter auf der Teerstraße (›Sponeckstraße‹) in Richtung *Jechtingen.* Bei der scharfen Rechtskurve biegt man nach rechts ab und folgt dann dem rechten Feldweg bis nach *Jechtingen.* Am Ortsrand wendet man sich nach rechts und gelangt so zur Tourenbeschreibung zurück.

Riegel – Bad Silberbrunnen und zurück
ca. 12,5 km

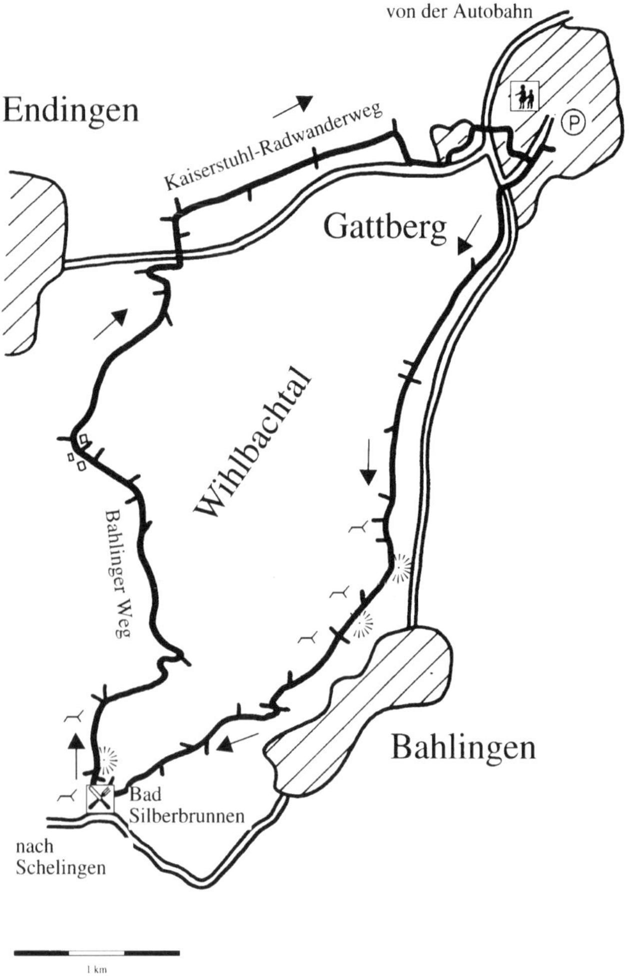

Riegel – Bad Silberbrunnen und zurück

Bahnverbindung: Freiburg–Gottenheim, Umsteigen in die Kaiserstuhlbahn oder Freiburg–Endingen, Umsteigen in SWEG-Bus Linie 105.

Anfahrt: von Freiburg auf der Autobahn (Richtung Norden) bis zur Ausfahrt Riegel, dann weiter in Richtung Riegel, auf der Umgehungsstraße zuerst in Richtung Eichstetten um Riegel herum. Beim Kreisverkehr in Richtung Bahlingen, Riegel, nach ca. 100 m geht es links in die Hauptstraße nach Riegel hinein.

Parkmöglichkeit: von der Hauptstraße biegt man bei der zweiten Möglichkeit rechts in die ›Kehnerstraße‹ ein.

Tourenlänge: ca. 12,5 km.

Hinweis: ganzjährig geeignet. Die Wanderung ist sehr abwechslungsreich, da sie sowohl durch Rebgelände als auch durch schattige Hohlwege führt.

Gehzeit: ca. 3,5 Stunden.

Höhenunterschiede: zahlreiche kürzere Anstiege in den welligen und von vielen Rebterrassen durchsetzten Kaiserstuhlvorbergen (insgesamt Hm 270).

Wegezustand: überwiegend geteerte Wege und kleine Straßen; auf dem Winzerweg bis zum Gasthaus »Bad Silberbrunnen« sind einige Wegabschnitte nur Gras- bzw. ungeteerte Landwirtschaftswege; diese sind jedoch immer nur kurz und sollten nicht entmutigen. Auf dem Rückweg ist dann nur noch im *Schambachtal* ein kurzes Stück etwas matschig und holperig.

Zunächst gehen wir auf der Hauptstraße zurück zur Umgehungsstraße. Diese überqueren wir, halten uns dann links und folgen dem Wanderzeichen der roten Raute mit Rebe auf gelbem Grund in Richtung Silberbrunnen. Anfangs ist der Weg noch geteert, später, wenn es durch einen schönen Hohlweg bergauf geht, nicht mehr. An der ersten Verzweigung gehen wir halblinks weiter und an der nächsten Verzweigung geradeaus, stets entsprechend dem bekannten Wegzeichen, das bis zum Gasthaus »Bad Silberbrunnen« für uns maßgeblich bleibt. Auf diesem Feldweg wandern wir für den nächsten Kilometer durch eine schöne Reblandschaft (mal hält man sich mehr links, mal mehr rechts, stets der bekannten Markierung folgend). Dann wird der Weg wieder geteert, und nach einigen hundert Metern und einer leichten Steigung kommen wir zu einer großen Wegkreuzung mit hohen Lößwänden. Hier gehen wir fast geradeaus weiter und an der nächsten Verzweigung gehen wir ebenfalls geradeaus. Wenig später folgen wir dem oberen, links abgehenden Weg (hier nicht der Teerstraße bergab folgen). Unser Weg führt für einige Zeit auf einer aussichtsreichen Anhöhe entlang. Ein weiterer Hohlweg geht steil bergab, und an der Kreuzung geht man nach links und nach ca. 30 m gleich wieder nach rechts, bergauf zur nächsten Verzweigung, wo unsere Tour geradeaus fortgesetzt wird. Nach einigen hundert Metern endet die geteerte Strecke vorerst, doch auf dem ausgefahrenen Grasweg kommt man (geradeaus gehend) mit dem Kinderwagen problemlos voran. Bei der nächsten Weggabelung nicht den ersten Weg nehmen, der nach links bergab führt. Zuerst gehen wir hier geradeaus, nach 20 m dann links auf etwa gleicher Höhenlinie und bleiben dabei unterhalb einer hohen Böschung. Der Weg geht nach kurzer Zeit in einen Grasweg über.

An der nächsten Verzweigung geht man zuerst nach rechts und nach fünf Metern gleich wieder nach links auf den Grasweg. Nach ca. zwei Gehminuten erreicht man eine geteerte Straße. Falls man im ehemaligen Gasthaus »Bad Silberbrunnen« (Pächterwechsel, Öffnungszeiten sollte man erfragen, Tel.-Nr. 07663/4961, ändert sich möglicherweise) einkehren möchte, geht man nach links die Teerstraße hinunter, sonst rechts bis zur nächsten Kreuzung und dort geradeaus. Das bisherige Wanderzeichen läßt man nun außer acht und folgt an der übernächsten Verzweigung der abwärts führenden Teerstraße nach rechts. Nach mehreren Kurven gelangt man zu einer großen Kreuzung, an der man sich scharf links hält. Nun geht es auf einem geteerten Hohlweg weiter, und wir durchqueren das Wihlbachtal auf einem ungeteerten Landwirtschaftsweg.

Bei der nächsten Verzweigung geht es geradeaus einen weiteren Hohlweg hinauf. Anschließend wandern wir durch den nächsten Hohlweg (ebenfalls geradeaus) weiter bergab. Nun stoßen wir auf eine Teerstraße, der man an mehreren Häusern vorbei folgt. So gelangt man zu einer Abladestation (Schild: Betriebsgelände), hinter der man rechts abbiegen muß. Wieder sind wir auf einem ungeteerten, aber bequemen Weg unterhalb einer hohen Böschung. Nach etwa einer Viertelstunde erreicht man ein Teersträßchen. Auf diesem Sträßchen geht es links herum weiter, dann geradeaus bis zur Landstraße, wo man sich zunächst rechts hält, bevor man sie bei der ersten Möglichkeit überquert (Beschilderung: Wilhelmshöfe).

Nach ca. 200 m biegt man bei der zweiten Möglichkeit rechts in den Radwanderweg ein. Dieser führt ein ganzes Stück geradeaus, dann durch ein Neubaugebiet von *Riegel* und unter der Landstraße hindurch (hier ist ein Spielplatz). Man biegt dann rechts in die ›Zähringerstraße‹ ein; diese macht einen Linksknick bis zur Hauptstraße. Hier biegen wir zunächst links und nach 40 m rechts in die ›Kehnerstraße‹ ein, in der das Auto geparkt ist.

14

Hecklingen – Kenzingen – Bombach und zurück
ca. 10 km

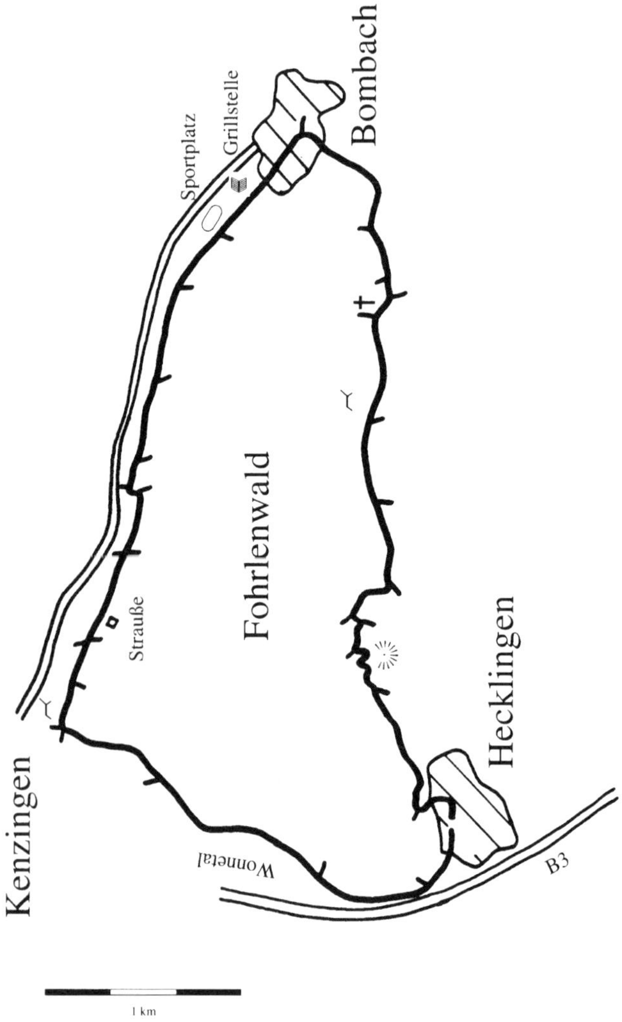

Hecklingen – Kenzingen – Bombach und zurück

Bahnverbindung: nach Kenzingen, dann Umsteigen in SBG-Bus Linie 7200 oder gleich mit SBG-Bus Linie 7200 bis Hecklingen.

Anfahrt: von Freiburg auf der Autobahn Richtung Norden bis Ausfahrt Riegel, über Malterdingen nach Hecklingen.

Parkmöglichkeit: in der Ortsmitte nahe bei der Kirche und dem Schloß.

Tourenlänge: ca. 10 km.

Hinweis: ganzjährig geeignet.

Gehzeit: ca. drei Stunden.

Höhenunterschiede: eine nahezu ebene Strecke bis auf einen kurzen Anstieg nach Bombach (Hm 60).

Wegezustand: bis Kenzingen sind die Wege geteert; danach gut befestigte Erdwege und Forststraßen bis Bombach; bei feuchtem Untergrund muß man den Kinderwagen eventuell ein kurzes Stück tragen. Von Bombach die Weinberge hinauf ist der Weg wieder geteert. Der Waldweg ist gut zu begehen, der Abstieg nach Kenzingen ist wiederum geteert.

Man folgt zunächst dem Radweg Richtung *Kenzingen,* geht entlang der Bundesstraße, um nach etwa 200 m nach rechts auf den geteerten Wirtschaftsweg ins malerische Wonnetal abzubiegen. Wir folgen der Wandermarkierung mit dem grünen und gelben Punkt und der Radwandermarkierung bis nach *Kenzingen.* Kurz vor *Kenzingen* wandert man unter dem Blätterdach einer Kirschbaumallee hindurch, anschließend geht man an einer Kleingärtnersiedlung vorbei. Kurz nach dem Ortsschild lädt eine in der Sonne gelegene Bank zur ersten Rast ein. Von hier aus nimmt man den geteerten Weg rechter Hand mit der Markierung blaue Raute in Richtung *Bombach.* Am Nirlinsberg befindet sich ein Gasthaus mit Terrasse und Spielplatz (»Ritters Weinstube«; Ruhetage: Montag und Dienstag; Mittwoch bis Samstag ab 17 Uhr, Sonntag und Freitag ab 13.30 Uhr geöffnet; keine Betriebsferien). Hier beginnt auch das kurze Stück der schlechteren Wegstrecke. Man folgt zunächst dem Grasweg, der zwischen Spielplatz und Gasthaus entlangführt (weiterhin Markierung: blaue Raute), durchquert ein kleines Waldstück und geht anschließend geradeaus weiter, immer der bekannten Markierung folgend. Nach einigen Minuten erreichen wir einen Wanderparkplatz, und wir wenden uns nach links auf den Trimm-Dich-Pfad, der alsbald rechtsherum weiterführt. Auf einer Forststraße geht es das Tal hinauf bis nach *Bombach*. Dort befindet sich am Sportplatz eine Grillstelle. Bei den folgenden Verzweigungen hält man sich stets links, der blauen Raute folgend. Bald hat man den Ortsrand von *Bombach* erreicht und geht geradeaus den ›Geschichtsweg‹ weiter. In der Ortsmitte lädt das Gasthaus »Krone« (Ruhetage: Dienstag-Nachmittag und Mittwoch; Betriebsferien: im August) zu einem guten und preisgünstigen Vesper ein.

Unser Rückweg führt an der Kirche vorbei, in die Weinberge und hinauf zum Waldrand. Wir bleiben auf der Forststraße (Kalte Herberge) und folgen zunächst dem Schild Richtung ›Jägerbank / Kenzingen ca. 1.5 km‹. Der Weg führt meist leicht bergab, man biegt nicht ab. Kurz vor dem Ende des Fohrlenwaldes (beim Schild ›Hecklinger Höhenweg‹) folgt man dem grünen Punkt nach halbrechts auf einen schmäleren Waldweg. Wenn man aus dem Wald heraustritt, hat man eine herrliche Sicht hinunter in die Ebene. Man folgt der Teerstraße erst nach links und verläßt das bekannte Wegzeichen, nach etwa 30 m geht man nach rechts. Nun geht es auf bequemen Serpentinen abwärts nach *Hecklingen*. Hat man den Ortsrand erreicht, hält man sich rechts und kommt so zurück zur Kirche.

Brettental (»Ludinmühle«) – rund um den Hockenbühl
ca. 10 km

Brettental (»Ludinmühle«) – rund um den Hockenbühl

Bahnverbindung: Mit der Bahn bis EM-Kollmarsreute, umsteigen in den H. Oestreicher-Bus Linie 231.

Anfahrt: von Freiburg in Richtung Norden über Denzlingen und Sexau nach Freiamt; ab dort ist *Brettental* ausgeschildert.

Parkmöglichkeit: direkt beim Hotel-Gasthaus »Ludinmühle« oder ein Stück oberhalb hinter dem Feuerwehrhaus.

Tourenlänge: ca. 10 km.

Hinweis: ganzjährig geeignet; für die sehr abwechslungsreiche und schöne Anfahrt aus Freiburg muß man etwa 45 Minuten einplanen. Der erste Abschnitt der Wanderung liegt auf einer wenig befahrenen Gemeindeverbindungsstraße; man muß mit ca. 30 bis 50 Fahrzeugen in der Stunde rechnen.

Gehzeit: ca. 3,5 Stunden.

Höhenunterschiede: anfangs geht es etwa eine Stunde stetig bergan, später sind keine großen Höhenunterschiede mehr vorhanden (insgesamt Hm 290).

Wegezustand: problemlose geteerte oder gut befestigte Wege und Straßen.

Von der »Ludinmühle« aus gehen wir die Teerstraße weiter bergauf, und auf der ›Hühnersedelstraße‹ geht es erst einmal geradeaus weiter. Für etwa eine Stunde bleibt man auf dieser Straße bis man unterhalb des Rotzelecks die Paßhöhe erreicht. Auf der Strekke fließt rechts ein kleiner Wiesenbach mit schönem Gehölzbestand. Weit auseinander liegen die malerischen Höfe.
Auf der Paßhöhe endet schließlich die Teerstraße. Wir halten uns hier rechts und folgen dem Wegzeichen mit der blauen Raute in Richtung des Wanderheims ›Kreuzmoos‹. An der nächsten Verzweigung sind wir genau 705 m über N.N. (Normalnull). Auch hier

folgen wir dem bekannten Wegzeichen in Richtung des Wanderheims ›Kreuzmoos‹. Nach der Windschutzhecke geht es halblinks auf der Fahrstraße weiter. (Wir nehmen nicht den ›Kandelhöhenweg‹ zum Wanderheim). Unser Weg führt dennoch am Wanderheim (geöffnet nur am Wochenende, Samstag ab 15 Uhr, Sonntag ab 11 Uhr, in den Sommerferien ganztags geöffnet) vorbei. Von dort geht man auf der kleinen Teerstraße bis zur nächsten Verzweigung, an der man rechts in Richtung Wald abbiegt. An der nächsten Kreuzung halten wir uns wieder rechts und verlassen den ›Kandelhöhenweg‹. Wir befinden uns nun auf dem ›Winterbergweg‹ und kommen nach schöner Waldstrecke zu einem Bauernhof mit einem kleinen Teich; hier stößt man auf einen bergabführenden Teerweg, der später ›Bildsteinstraße‹ heißt. Anfänglich in Serpentinen, später entlang des Brettenbachs gelangt man stets bergab zur »Ludinmühle« zurück, in der eine Einkehr sehr zu empfehlen ist (kein Ruhetag und keine Betriebsferien, geöffnet ab 11 Uhr). Oberhalb der »Ludinmühle« befindet sich die »Brettentalstube«, unterhalb ist ein weiteres Café.

Elzach – rund um den Ankenbühl
ca. 9 km

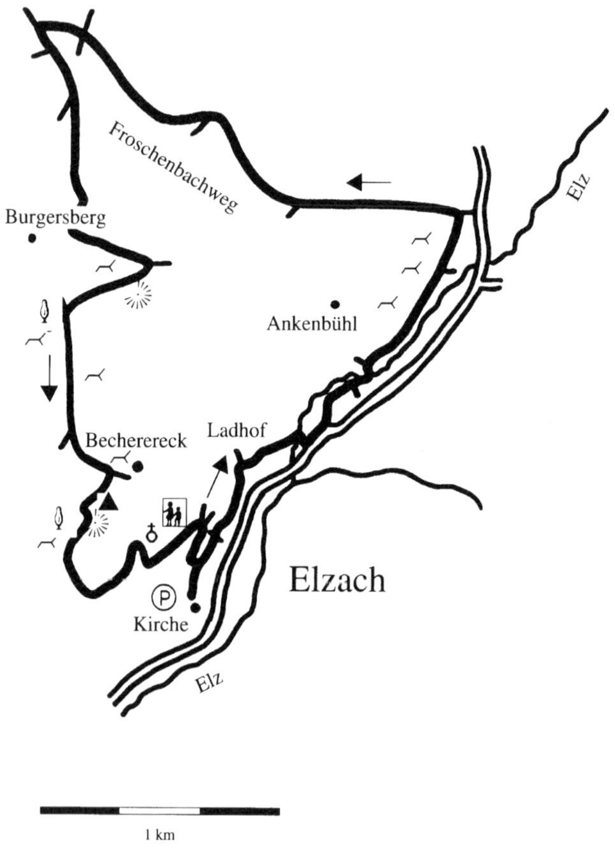

Elzach – rund um den Ankenbühl

Bahnverbindung: wochentags regelmäßige Verbindung, auch mit dem SBG-Bus Linie 7206.

Anfahrt: von Freiburg in Richtung Norden über die L 294 an Waldkirch vorbei bis nach Elzach.

Parkmöglichkeit: in den Ort hineinfahren, nach der ersten Fußgängerampel links abbiegen in Richtung des Kirchturms und der Kurverwaltung; Parkplatz ›Am Schießgraben‹; ›Haus des Gastes‹.

Tourenlänge: ca. 9 km.

Hinweis: ganzjährig geeignet.

Gehzeit: knapp drei Stunden.

Höhenunterschiede: der ›Fröschenbachweg‹ führt etwa für die Dauer einer halben Stunde stetig bergauf (insgesamt Hm 200).

Wegezustand: überwiegend gute Forstwege; auf ca. 700 m Länge ist ein schmaler Waldweg entlang der Elz zu gehen, kurz vorher muß man ca. 60 m weit einen kurzen Grasweg benutzen, der mit dem Kinderwagen aber gut zu befahren ist; der Abstieg kurz nach dem ›Bechereck‹ ist geteert.

Wir folgen der Fahrstraße nach links, die mit der Markierung einer blauen Raute gekennzeichnet ist. Dies ist der ›Elztalweg‹ in Richtung des Ladhofs. Später geht es auf dem ›Wendelinusweg‹ weiter bis zum Ende dieser Straße. Dort biegen wir links ab und folgen dem steilen Teersträßchen. Wenig später gehen wir dann rechts, immer noch der blauen Raute folgend. Nach einigen Minuten geht man über die Elz zur Hauptstraße, dort nach links und nach wenigen Metern nochmals links in ein Wohngebiet hinein. Am Ende der ›Elzstraße‹ geht es geradeaus weiter, zwischen der Elz und dem Gebäude hindurch. Am Ende des kleinen Parkplatzes führt ein unbefestigter Weg an der Elz entlang, die wir nach ca. 60 m nochmals überqueren. Man geht bis zum Waldrand und dort rechts auf dem schmalen Waldweg weiter, immer der blauen Raute folgend. Für einige Minuten begleitet die Elz den Wanderer auf diesem etwas holprigen Weg. Später weist ein Schild die Richtung zum Gasthof »Pelzmühle«.

Schließlich führt der Weg aus dem Wald heraus, und über einen Grasweg gelangt man zu zwei Gebäuden, zwischen denen man hindurch geht, um anschließend nach links für etwa eine halbe Stunde auf den stetig bergan führenden ›Fröschenbachweg‹ zu kommen (Markierung 12). Hier verlassen wir die Markierung blaue Raute.

Auf der Paßhöhe erreicht man die ›Eckstraße‹ und geht linksherum weiter. Für ca. 150 m folgen wir nochmals der Markierung der blauen Raute, deren Route dann aber nach rechts abknickt. Wir gehen geradeaus auf der Forststraße weiter, auf der es einige wenige holprige Abschnitte gibt. Auf der schön gelegenen Hochebene, von der aus man eine herrliche Aussicht zum Rohrhardsberg und Gießhübel hat, biegt man bei der ersten Verzweigung rechts ab. Bei einer großen Kiefer stehen für müde Wanderer einige Rastbänke und Tische zum eventuellen Ausruhen bereit. Danach bleibt man links und folgt wiederum dem Wegzeichen mit der blauen Raute bis zum Bechererеck. Hier wandern wir rechts weiter und verlassen die bekannte Markierung. Nach einigen Minuten kommen wir an einer Schutzhütte vorbei und gehen linksherum auf der Teerstraße immer bergab bis nach *Elzach* hinein. Auf halbem Weg kommt man an der Neunlindenkapelle vorbei und wenig später am »Waldgasthof Summeri« (geöffnet: werktags ab 17 Uhr, sonn- und feiertags ab 9 Uhr; Ruhetag: Montag; Betriebsferien: die zwei Wochen nach Fastnacht, die ersten beiden Novemberwochen und eine Woche im Juli; Wickelmöglichkeit; Freiterrasse, daneben kleiner Spielplatz).

Unsere Tour führt weiterhin bergab. Unten angekommen geht es rechts auf der ›Gartenstraße‹ weiter, noch einmal links und anschließend gleich rechts abbiegen, und man hat den Parkplatz in der Straße ›Am Schießgraben‹ erreicht.

17

St. Peter (Potsdamer Platz) – Plattensee und zurück
ca. 7,5 km

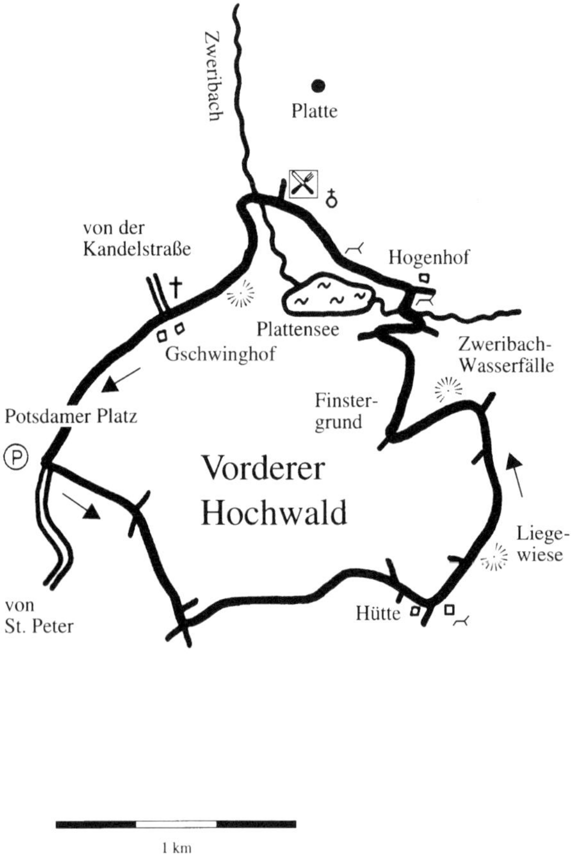

St. Peter (Potsdamer Platz) – Plattensee und zurück

Bahnverbindung: keine; Busverbindung: SBG-Bus Linie 7216.

Anfahrt: von Freiburg in Richtung Osten entweder über Ebnet, Stegen und Eschbach (dann durch ganz St. Peter hindurch) oder über das Glottertal nach St. Peter (dann gleich links halten); von dort der Beschilderung nach Schmittenbach folgen und immer bergauf fahren (ca. 4 km) bis zum Wanderparkplatz.

Parkmöglichkeit: Wanderparkplatz ›Potsdamer Platz‹.

Tourenlänge: ca. 7,5 km.

Hinweis: ganzjährig geeignet; wenn sich im Herbst in der Rheinniederung der Nebel ausbreitet, scheint hier oben häufig die Sonne und sorgt für angenehme Temperaturen.

Gehzeit: ca. zwei Stunden.

Höhenunterschiede: keine nennenswerten Steigungen (Hm 110).

Wegezustand: den ersten Teil der Strecke geht man auf gut befahrbaren Forstwegen, der Rückweg ist durchgehend geteert.

Vom Wanderparkplatz ›Potsdamer Platz‹ wenden wir uns nach Osten auf den ›Brückleweg‹ (Wegmarkierung: Blaues Dreieck, Gelbes Dreieck) Richtung *Zweribach*. An der ersten Verzweigung gehen wir geradeaus weiter; hier verlassen wir das Wanderzeichen Gelbes Dreieck. Auf dem ›Brückleweg‹ geht es nun in Richtung *Vogesenkapelle, Kapfenberg*. An der übernächsten Kreuzung biegen wir links ab und verlassen das angegebene Wanderzeichen. Bis zur ›Gschwanderdobelhütte‹ bleibt man auf der Forststraße. Dort wenden wir uns dann nach links und nehmen den leicht berganführenden ›Finstergrundweg‹, der wieder mit dem Blauen Dreieck gekennzeichnet ist. Dieser Weg wird uns jetzt einige Zeit auf- und abwärts führen. Nach wenigen Minuten tritt die Markierung Schwarzer Punkt auf gelben Grund hinzu. Wir gelangen nach kurzer Zeit zu einer großen Wiese mit herrlichem Blick gen Osten. Nach einem weiteren, nicht so steilen Anstieg gelangt man zur Abzweigung Richtung *Zweribach-Wasserfälle,* wir wandern vorerst noch auf der Forststraße weiter (Neue Markierung: Grüner Punkt Richtung *St. Peter*). Nach einigen Kurven und leicht abwärts führender Strecke sieht man rechter Hand den Plattensee durch die Wäldbäume schimmern. Hier biegen wir rechts vom ›Finstergrundweg‹ ab und folgen der Markierung Schwarzer Punkt auf gelbem Grund. Über eine steiler abwärts führende, schmälere und holprige Waldstraße gelangen wir zu einer schmalen Teerstraße. Hier wendet man sich nach links. Nach kurzer Wegstrecke erreichen wir eine weitere geteerte Straße, wandern wieder links herum weiter, vorbei am Plattensee zum »Plattenhof« (geöffnet: Freitag, Samstag, Sonntag und an Feiertagen, in den Schulferien auch werktags; Ruhetage: Montag ab 17 Uhr und Dienstag; kalte und warme Vesperkarte). Vom »Plattenhof« gehen wir dann rechts auf der Straße ohne abzubiegen weiter und erreichen nach einer guten Viertelstunde wieder den Wanderparkplatz.

18

Breitnau – Fahrenberg – Heiligenbrunnen – Tiefen und zurück
ca. 13,5 km
1. Abkürzung ca. 9,5 km; 2. Abkürzung ca. 12,5 km

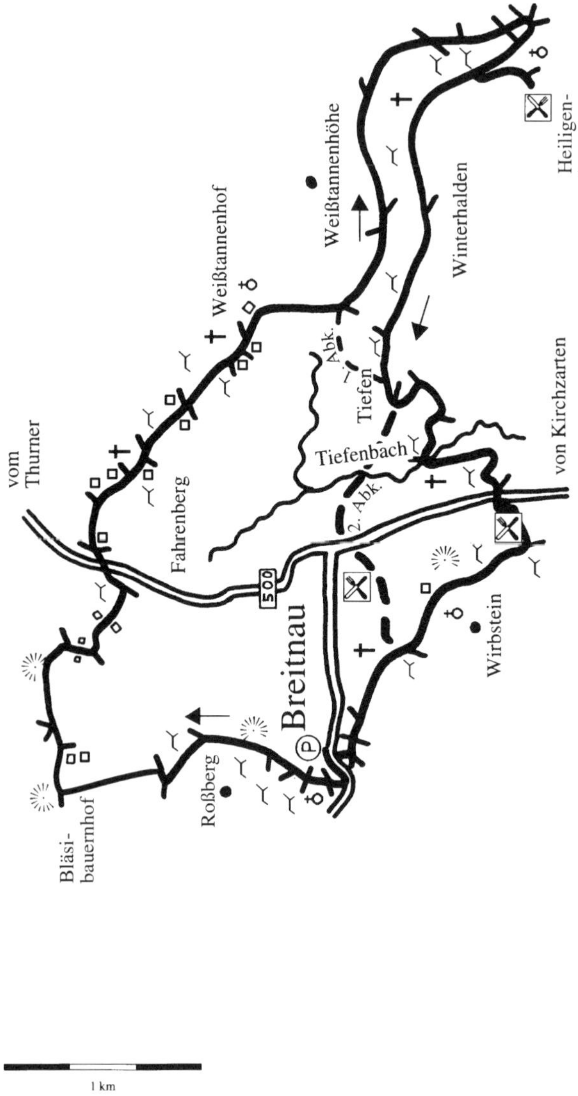

Breitnau – Fahrenberg – Heiligenbrunnen – Tiefen und zurück

Bahnverbindung: bis Hinterzarten, dann umsteigen in den SBG-Bus Linie 7216.

Anfahrt: von Freiburg in Richtung Osten die B 31 bis Hinterzarten, dann weiter auf der B 500 bis nach Breitnau.

Parkmöglichkeit: in der Ortsmitte beim Kurhaus (Rückseite des Höhengasthofs »Hotel Kreuz«) oder bei der Kirche / Friedhof.

Tourenlänge: ca. 13,5 km (mit der 1. Abkürzungsmöglichkeit 9,5 km, mit der 2. Abkürzungsmöglichkeit 12,5 km).

Hinweis: ganzjährig geeignet; für die Anstiege sollte man unbedingt ein Seil zum Ziehen mitnehmen. Bei schönem Wetter reicht die Fernsicht bis zu den Alpen.

Gehzeit: ca. 4,5 Stunden.

Höhenunterschiede: drei kräftige Anstiege, ansonsten geht es bequem über die leicht wellige Hochebene (Hm 300).

Wegezustand: überwiegend geteerte oder gut befestigte Wege und Straßen. Auf einem kurzen Stück zum Bläsibauernhof Grasweg und später für ca. 300 m nach dem Weißtannenhof etwas holpriger.

Unsere Rundwanderung starten wir auf der Teerstraße (Parkplatz) zwischen Kirche und Kurhaus. An der ersten Kreuzung folgt man dem Wegzeichen mit dem Blauen Punkt in Richtung *Thurner*. Hier führt ein geteerter Fußweg den Hang hinauf. Wir stoßen dann auf eine Straße, folgen dieser nur kurz nach links, um dann dem Wanderzeichen Blauer Punkt nach rechts zu folgen. Der aufwärts führende Weg macht einen Rechtsbogen. Hier steht bereits eine Rastbank. Die geteerte Straße endet schließlich, und sie mündet in eine recht steil ansteigende befestigte Landwirtschaftsstraße zur

Paßhöhe, von der aus man einen herrlichen Blick bis zu den Alpen hat.
Das bekannte Wanderzeichen (Blauer Punkt) weist uns auf eine abwärts führende Forststraße, später auf einen schmalen Waldweg (rechtwinklig links abzweigend) zum Bläsibauernhof. Wir wandern zuerst steil bergab, an einem Weiher vorbei und schließlich auf einem gut befahrbaren Grasweg den Gegenhang wieder hinauf. Oben am Paß angekommen trifft man auf eine schmale geteerte Fahrstraße und geht rechts herum weiter. Ein kurzes Stück befinden wir uns auf dem Weg mit der Markierung der blauen Raute. Entgegen der Markierung bleiben wir auf der Straße bis zur B 500 und überqueren diese. Dann geht es auf der Teerstraße weiter, immer leicht bergan in Richtung Jockelshof und Clemenshof. Wir kommen nun an einer Reihe schöner, großer Einzelgehöfte vorbei. Unterwegs tritt das Wanderzeichen Roter Punkt in Richtung *Fürsatzhöhe, Heiligenbrunnen* hinzu. Beim Weißtannenhof endet der Teerweg, und man hat mit dem Kinderwagen auf ca. 300 m einige holprige Passagen auf einem alten Landwirtschaftsweg zu überwinden. Hier gehen wir halbrechts unterhalb des oberen Weihers weiter. Nach einigen Minuten erreicht man eine gut befestigte Forststraße, wandert links herum weiter, wobei man weiter der Markierung mit dem Roten Punkt folgt.
Hier kann man die Wanderung auch abkürzen (1. Abkürzungsmöglichkeit), indem man der Forststraße rechts herum bis zum Weiler *Tiefen* folgt. Auf der großen Schleife folgt nun nochmals ein längerer und kräftiger Anstieg im schattigen Wald. Auf dem ›Hoheckweg‹ wird unsere Tour fortgesetzt (Wegzeichen: Roter Punkt) bis zum Wanderparkplatz ›Fürsatzhöhe‹. Dort gehen wir rechts die Teerstraße (›Heiligenbrunnen-Straße‹) hinunter und sehen bald auf der linken Seite einige Gebäude, unter denen sich auch das Gasthaus »Heiligenbrunnen« befindet (Ruhetage: Montag ab 14.30 Uhr und Dienstag; geöffnet ab 9.30 Uhr, warme Küche von 11.45–13.45 Uhr; Betriebsferien: 15. November bis Weihnachten).

Vom Gasthaus aus gehen wir zunächst ein Stück auf der Teerstraße zurück und an der ersten Kreuzung geradeaus weiter (der rote Punkt gibt die Richtung nach *Breitnau* an). Auf dieser Fahrstraße bleiben wir bis *Tiefen*.

An dieser Stelle kann die Wanderung auch abgekürzt werden: Man bleibt dann auf der Teerstraße bis zur B 500, überquert diese beim Gasthaus »Löwen« und folgt dann nach links der Markierung mit dem roten Punkt.

Hat man sich für die große Tour entschieden, folgt man am Ende der kleinen Ortschaft *Tiefen* links den ›Mühlenweg‹. Nach ca. zehn Minuten erreicht man die B 500, überquert sie und kann hinter der Leitschutzplanke links herum zum Gasthaus »Kaisers Tanne-Wirtshus« weitergehen. Von dort geht es dann rechts die kleine Teerstraße hinauf (Markierung: gelber Querbalken). Für ein kurzes Stück geht es auf befestigtem Landwirtschaftsweg nochmals bergan. Bei den ersten Bauernhöfen ist der Weg dann wieder geteert. Wir bleiben auf dem Landwirtschaftsweg bis wir *Breitnau* erreichen. Am Ortsrand hält man sich zunächst links, und anschließend geht man immer geradeaus auf den Kirchturm zu.

19

Hinterzarten – Titisee und zurück
ca. 9 km

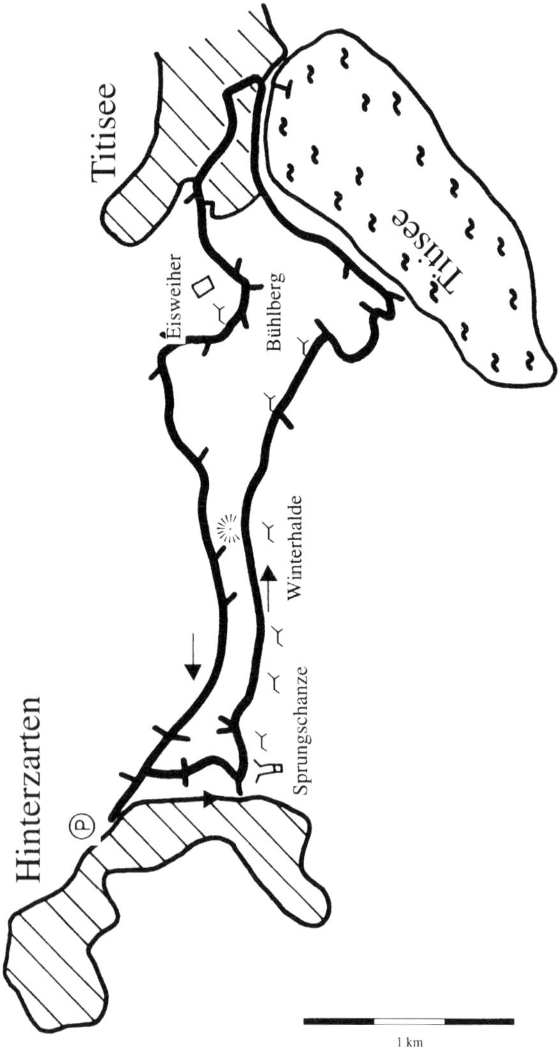

Hinterzarten – Titisee und zurück

Bahnverbindung: Hinterzarten.

Anfahrt: von Freiburg Richtung Osten auf der B 31 durch das Höllental nach Hinterzarten.

Parkmöglichkeit: in der Ortsmitte zwischen Bahnhof und Feuerwehrhaus.

Tourenlänge: ca. 9 km.

Hinweis: ganzjährig geeignet, in der Hochsaison herrscht in Titisee am Wochenende immer drangvolle Enge. Bademöglichkeit im Titisee.

Gehzeit: ca. 2,5 Stunden.

Höhenunterschiede: ein längerer Anstieg kurz nach der Sprungschanze, ansonsten keine beschwerlichen Steigungen (Hm 170).

Wegezustand: problemlos; alle Wege sind gut befestigt oder geteert.

Unsere Tour führt zunächst in östlicher Richtung. Gegenüber des Feuerwehrhauses biegen wir rechts auf den Rad- und Fußweg ab. Rechts vor uns liegt dann ein kleiner Weiher. An der nächsten Kreuzung führt der Weg geradeaus weiter (Wegzeichen: rote Kreuzdiagonale auf gelbem Grund in Richtung ›Adlerschanze‹ und *Titisee*). Nach ca. 200 m muß man sich scharf links halten, damit man unterhalb der Sprungschanze vorbeikommt. Ab hier befindet man sich auf dem ›Mittleren Höhenweg‹ nach *Titisee.* Bei der Sprungschanze geht es links in den Wald hinein und auf der linken Waldstraße weiter. An der nächsten Weggabelung geht es entsprechend dem Wanderzeichen rechts zwar kurz, aber recht steil bergauf. Schöne Waldwege führen uns nun durch den Bärenwald, dabei biegen wir nicht ab und folgen immer dem bekannten Wanderzeichen.

Nach einer kurzen abschüssigen Strecke hat man den Campingplatz vor sich und geht rechts um ihn herum. Entlang des Zauns geht es zuerst wieder steil bergab, dann kommt man an einem kleinen Weiher mit vielen Kleintieren vorbei. Unterhalb des Bühlhofs folgt man rechts herum der abwärts verlaufenden Fahrstraße und verläßt dabei das (für uns) gültige Wegzeichen. An der Hauptstraße angekommen, wenden wir uns nach links und bleiben auf dem Bürgersteig bis nach *Titisee.* Nach wenigen Minuten kommt man an einem Freibad vorbei. Beim Hotel-Café »Brugger« kann man zum Ufer des Titisees hinunter- und am See entlang bis zur Ortsmitte gehen. In *Titisee* gibt es viele Einkehrmöglichkeiten für jeden Geschmack.

Beim Rückweg gehen wir zuerst auf der für den Kfz-Verkehr gesperrten Fahrstraße zurück und an der großen Kreuzung links weiter. Beim nächsten Zebrastreifen überquert man die Hauptstraße und biegt rechts in die ›Alte Poststraße‹ ein. Ein kleines Stück folgt man der roten Raute (dabei nicht in den ›Erlenweg‹ einbiegen), später dem blauen Punkt in Richtung Eisweiher und *Hinterzarten.* Beim Eisweiher befindet man sich dann auf dem Drei-Seen-Radwanderweg. Mit Glück kann man im Wald am Eisweiher häufig fast handzahme Eichhörnchen beobachten. An den nächsten Verzweigungen folgt man stets den Hinweisschildern in Richtung *Hinterzarten* und bleibt dabei auf dem ausgeschilderten Radweg.

Wenig später kommt man auf eine schmale Teerstraße und wendet sich nach links. Vorbei an einzelnen Gehöften und Häusern (in einem Vorgarten befindet sich eine Spielzeugbahn) erreicht man auf dieser Straße den Bahnhof von *Hinterzarten.*

Ehrenstetter Grund – Dammelbachkopf –
Norsinger Grund und zurück
ca. 14 km; mit Abkürzung ca. 11 km

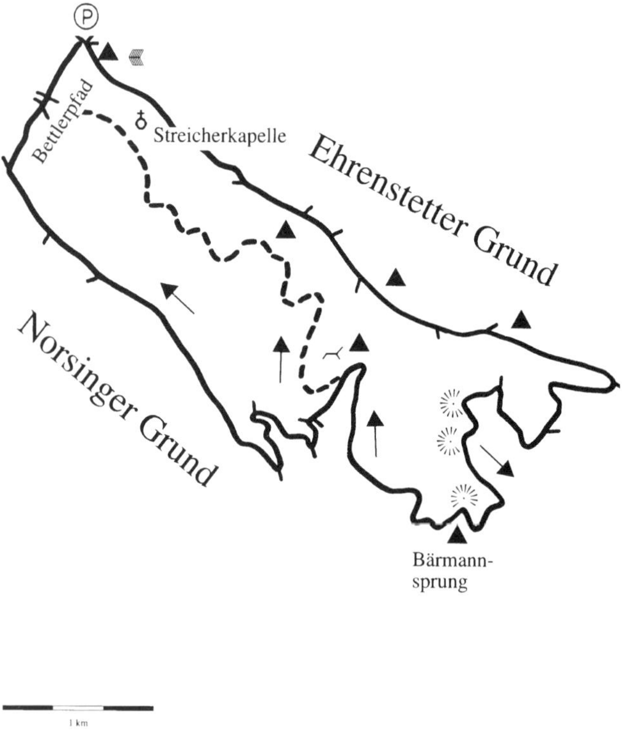

Ehrenstetter Grund – Dammelbachkopf – Norsinger Grund und zurück

Bahnverbindung: bis Bad Krozingen, umsteigen in den SBG-Bus Linie 7208 oder gleich vom Freiburger ZOB am Hauptbahnhof mit SBG-Bus Linie 7208 nach Bollschweil.

Anfahrt: von Freiburg über Merzhausen, Au, Wittnau, Sölden und Bollschweil nach Ehrenstetten oder über die B 3 und kurz hinter Norsingen links ab in Richtung Ehrenkirchen-Ehrenstetten.

Parkmöglichkeit: kommt man von Bollschweil, fährt man 200 m vor dem Ort Ehrenstetten links ab (beim Hinweisschild zum Kohlerhof). Am Waldrand gibt es einen Waldparkplatz.

Tourenlänge: ca. 14 km; Abkürzung: ca. 11 km.

Hinweis: unterwegs gibt es keine Einkehrmöglichkeit; während der ersten zwei Stunden geht es stetig bergan. Reine Waldwanderung, daher vor allem im Hochsommer zu empfehlen, interessant aber auch im Frühjahr und im Herbst. Es ist empfehlenswert, ein Fernglas mitzunehmen, denn es gibt zahlreiche Aussichtspunkte mit Blick in das Rheintal.

Gehzeit: ca. fünf Stunden; Abkürzung knapp vier Stunden.

Höhenunterschiede: im Ehrenstetter Grund etwa 210 Höhenmeter, danach nochmals zusammen 200 m leichte und wenige beschwerliche Anstiege.

Wegezustand: gut befestigte und problemlos mit dem Kinderwagen zu befahrende breite Forststraßen. Auf dem letzten Teilstück, dem Bettlerpfad, kommt man auf einen etwas schmäleren Waldweg und für einige hundert Meter auf gut befahrbare Graswege; bei zwei Bachüberquerungen sind einige Treppenstufen zu überwinden.

Am Beginn unserer Tour nehmen wir zuerst die Waldstraße rechts (den ›Sägengrundweg‹ mit dem Wegzeichen: blauer Punkt in Rich-

tung ›Kohlerhof‹). An den nächsten Verzweigungen und somit auf dem gesamten Anstieg im Ehrenstetter Grund folgt man dieser Waldstraße. Später geht es auf dem ›Ehrenstetter Grundweg‹ weiter bergan. An der Verzweigung mit dem Weg ›Thomasfluh‹ bleibt man links (Wegzeichen: blauer Punkt). Gut versteckt und sehr romantisch liegt nach 200 m auf der rechten Wegseite das Wasserloch eines ehemaligen Bergwerkstollens. Nach wenigen Minuten kommt man an einer größeren Waldhütte vorbei, ab hier heißt unser Wanderweg ›Stühleck‹. Wir folgen immer noch dem blauen Punkt. Den Talweg verläßt man, indem man rechts den ›Wolfslöcherweg‹ nimmt (bei der kleinen Wegtafel; hier verläßt man das Wegzeichen). Dieser Weg führt weiter bergan, doch nach etwa 400 m geht er endlich in eine schwächere Steigung über. Als Belohnung für den schweißtreibenden Aufstieg hat man mehrfach einen herrlichen Ausblick auf die Rheinebene und den Batzenberg. Man gelangt dann zu einer weiteren Forststraße, hier geht es rechtsherum weiter.
Auf dem abwärts führenden Weg kommt man zu einer Wegegabelung (dreieckige, begrünte Weginsel) mit Birke. Dort halten wir uns links. Wieder geht es leicht bergan und durch einen Felsenhohlweg. Etwas später ergeben sich (wieder) viele Möglichkeiten, die Aussicht zu genießen. Wenn wir Ludwigsruh erreicht haben, hat der Aufstieg bald ein Ende. Beim *Bärmannsprung* (Holzschild) geht es glücklicherweise wieder abwärts. Kurz nach der zweiten scharfen Linkskurve (die mit der Schutzhütte) kann man auf dem rechten bergabführenden Weg die Wanderung abkürzen und in den Ehrenstetter Grund zurückkehren.
Unsere eigentliche Tour führt uns nun auf dem linken Weg (›Herrenweg‹) für ein kurzes Stück nochmals bergauf. Auf dem Grat angekommen, wandern wir linksherum wieder hinunter und an der darauffolgenden Verzweigung scharf nach rechts. An der nächsten Weggabelung halten wir uns links bergab, einige Minuten danach rechts, und man hat den Norsinger Grund erreicht. Entlang

des kleinen Bachlaufs ist es nun sehr angenehm, ständig bergab zu gehen.
In der Talaue teilt sich linker Hand der Wald, und einige 100 m weiter wenden wir uns rechts auf den Waldpfad und folgen den Wegzeichen: gelber Punkt, rote Raute mit Weinrebe und KE 8. Hier geht es – über einige Wurzeln – bis zum Lehenhof. Ab hier ist das Wegzeichen mit dem gelben Punkt für uns richtungweisend. Auf dem ›Bettlerpfad‹ geht es – über zwei Forststraßen und einen Bachlauf, an dem sich eine Mariengrotte befindet – weiter.
Auf gemähten Graswegen gehen wir dem gegenüberliegenden Waldrand und damit unserem Ausgangspunkt zu. An der Grillstelle des Waldspielplatzes kann man den Ausflug mit dem Proviant beenden, der noch übrig geblieben ist.

21

Staufen – Grunern – Katzental – Kropbach am Neumagen zurück
ca. 12 km

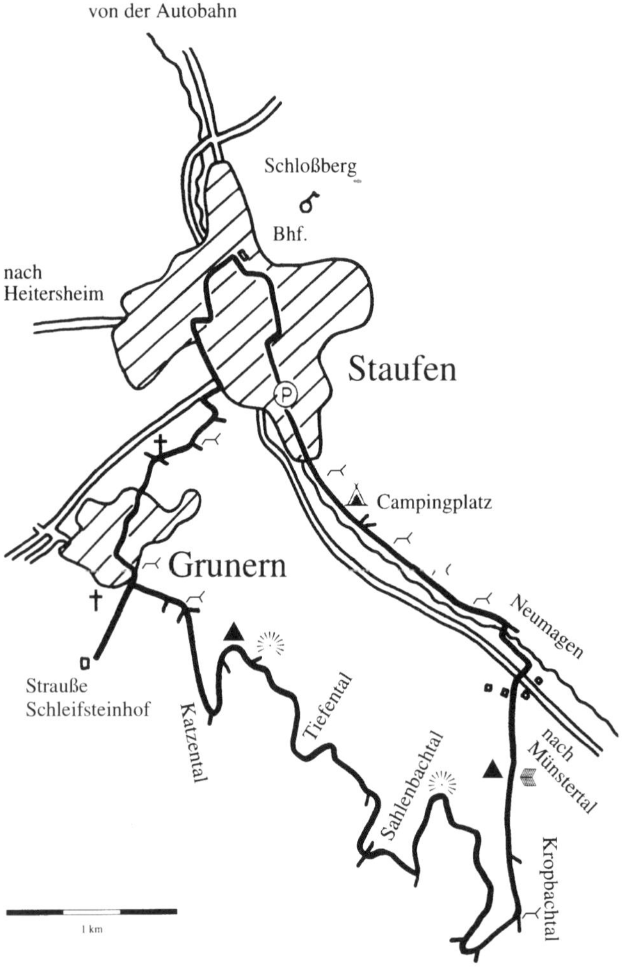

Staufen – Grunern – Katzental – Kropbach am Neumagen zurück

Bahnverbindung: nach Staufen.

Anfahrt: von Freiburg auf der Autobahn in Richtung Süden bis zur Ausfahrt *Bad Krozingen,* über Bad Krozingen nach Staufen, oder über die B 3 durch Schallstadt und Bad Krozingen nach Staufen.

Parkmöglichkeit: am ausgeschilderten ›Parkplatz Stadtmitte‹ direkt am Neumagen neben der Schladerer-Brennerei.

Tourenlänge: ca. 12 km.

Hinweis: ganzjährig geeignet, nur im Hochsommer sollte man früh losgehen, so daß man gegen Mittag den Wald hinter Grunern erreicht hat.

Gehzeit: etwa vier Stunden.

Höhenunterschiede: der Großteil der Strecke ist eben. Im Waldbereich nach Grunern muß man drei Anstiege bewältigen (insgesamt Hm 260).

Wegezustand: meist Teerstraßen bzw. gut befestigte land- und forstwirtschaftliche Wege. Ein etwa 200 m langes Teilstück zwischen Kropbach und der Neumagenüberquerung ist ein unbefestigter, ausgefahrener Grasweg, der aber problemlos zu bewältigen ist.

Vom Parkplatz aus führt unser Weg zunächst durch die schöne Altstadt *Staufens.* Auf der Hauptstraße (Fußgängerzone mit breiten Bächle auf der linken und rechten Seite) gehen wir am Marktplatz vorbei bis zum Postamt und biegen dann links in die ›Bahnhofstraße‹ ein. Nach dem Überqueren der Gleise halten wir uns rechts und spazieren um den kleinen Ententeich herum, an dem sich auch ein Kinderspielplatz befindet. Wir gehen über den Bach und an der Fußgängerampel über die Landstraße. Geradeaus führen die ›Herrmann-Bustert-Straße‹ und der ›Wilhelm-Weitzel-Weg‹ durch die Siedlung. An der Landstraße nach *Heitersheim* hält man sich wiederum rechts, geht über den nächsten Fußgängerüberweg und biegt links in die ›Schwarzwaldstraße‹ ein. Unser Weg führt dann halbrechts durch ein Neubaugebiet. Nach dem Ampelübergang auf der Landstraße nach *Grunern* benutzt man für ein kurzes Stück den ›Bettlerpfad‹ rechts um die Schulsportanlage herum, anschließend wendet man sich nach rechts.

An der nächsten Verzweigung geht es wieder rechts auf dem schmalen Teerweg (Wanderzeichen: Gelber Punkt) weiter bis zum Wegkreuz und von dort geradeaus in die ›Staufener Straße‹. Durch *Grunern* hindurch führt die Markierung mit dem gelben Punkt. Hinter dem Ort hat man, falls der Besen signalisiert, daß die Strauße geöffnet ist, die Möglichkeit, sich im »Schleifsteinhof« niederzulassen (die Strauße ist vom 19. März bis 1. November, Dienstag bis Samstag ab 15.00 Uhr, sonn- und feiertags ab 10 Uhr geöffnet; Ruhetag: Montag).

Unsere Wanderung geht anschließend auf dem ›Eschwaldweg‹ Richtung *Sulzburg* (Wanderzeichen: Roter Punkt) weiter bis zum Waldrand und geradeaus den ansteigenden Teerweg entlang. An der nächsten Verzweigung verläßt man die Teerstraße und das Wanderzeichen Roter Punkt, und man geht den ›Katzentalweg‹ (Wanderzeichen: Gelber Punkt) hinauf. Von hier an geht es auf gut befestigten Forststraßen weiter. Am Ende dieses längeren Anstiegs befindet sich eine Schutzhütte und wenig später hat man eine wunderbare Fernsicht.

An dieser Schutzhütte vorbei geht es für einige 100 m leicht bergab, bald aber wieder rechter Hand auf dem ›Lindenschlagweg‹ bergauf. Nach etwa 20 Minuten kommt man zur nächsten Verzweigung und nimmt die linke Möglichkeit bergab, um in den *Sahlenbachgrund* zu gelangen. Beide Talwege werden überquert, damit man auf dem ›Sahlenbachrundweg‹ (hier Wanderzeichen: Blauer Punkt) weitergehen kann bis zur nächsten Weggabelung,

an der wir links in den ›Rehhaldenweg‹ einbiegen und das Wanderzeichen Blauer Punkt bereits wieder verlassen. Am Ende dieses Weges geht es halblinks bergab weiter. Nun darf man sich eine ganze Weile über eine gemütliche Strecke freuen, die durch das *Kropbachtal* bergab führt. Am Kropbach befindet sich eine Grillstelle mit einer Schutzhütte. Im *Münstertal* überqueren wir die Landstraße (nicht an der Landstraße entlang gehen, da diese sehr unübersichtlich und somit gefährlich ist, insbesondere wenn man mit dem Kinderwagen unterwegs ist). Wir folgen für etwa 200 m dem ausgefahrenen Grasweg und der Beschilderung mit dem roten Querstrich von der Straße weg Richtung Bachlauf. Dann geht es linksherum weiter.
Nach der Brücke über den Neumagen biegt man noch vor den Bahngleisen links auf den landwirtschaftlichen Nutzweg ab. Die restliche Wegstrecke führt nun immer parallel zum Neumagen und damit zum Parkplatz zurück.

22

Badenweiler – Britzingen – Dattingen – Zunzingen und zurück
ca. 11,5 km

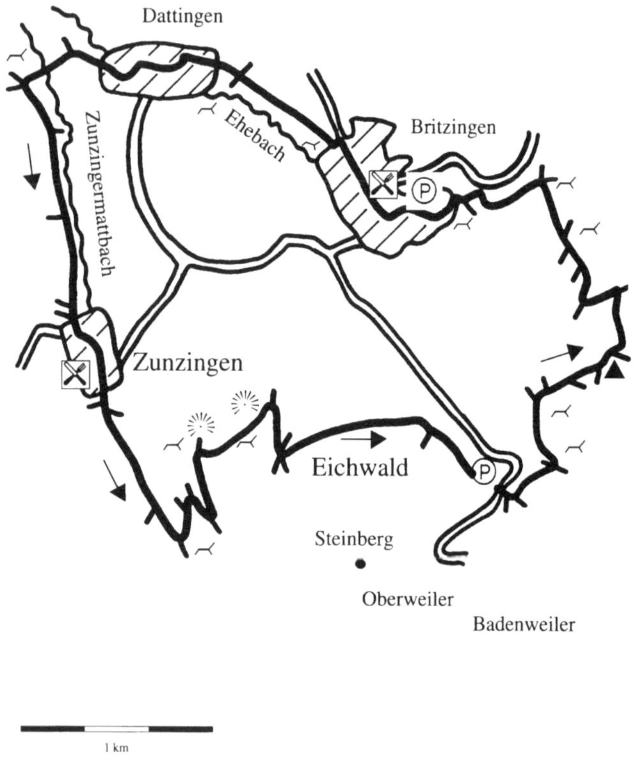

Badenweiler – Britzingen – Dattingen – Zunzingen und zurück

Bahnverbindung: bis Müllheim, weiter mit SWEG-Bus Linie 111 bis Badenweiler Parkplatz West oder von Müllheim Linie 261 bis Zunzingen.

Anfahrt: von Freiburg auf der Autobahn in Richtung Süden bis zur Ausfahrt Müllheim, dann weiter in Richtung Badenweiler und Schönau, hinter Badenweiler-Oberweiler links in Richtung Britzingen.

Parkmöglichkeit: ca. 300 m nach der Rheumaklinik auf dem Wanderparkplatz *Schwärze* links auf dem Bergsattel.

Tourenlänge: ca. 11,5 km.

Hinweis: diese Tour ist nur für trainierte Wanderer zu empfehlen, da man am Ende zur Philippslinde mehr als 1 km äußerst steil bergan steigen muß. Ganzjährig geeignet. Auf dieser Wanderung erlebt man die ganze Schönheit des Markgräflerlandes.

Gehzeit: knapp vier Stunden.

Höhenunterschiede: drei kräftige Anstiege, ansonsten geht es bequem durch das leicht hügelige Markgräflerland (insgesamt Hm 300).

Wegezustand: überwiegend Teer- oder gut befahrbare Forst- und Landwirtschaftswege. Kürzere Abschnitte vor Dattingen und nach Zunzingen (im Wald) sind etwas holpriger.

Von unserem Ausgangspunkt aus überqueren wir die Fahrstraße und nehmen dann den ›Tannwaldweg‹ in Richtung *Sulzburg* (Wegzeichen: gelber Punkt, X und Z). Diese gut mit dem Kinderwagen zu befahrende Forststraße ist als Waldlehrpfad ausgewiesen. An der ersten Kreuzung gehen wir links auf dem bekannten Wanderzeichen weiter, an der nächsten Verzweigung aber rechts (Wegzeichen X). Etwas später geht rechts der ›Eichenbergweg‹ ab.

Wir folgen aber halblinks dem ›Tannwaldweg‹ und verlassen die vorherigen Wegzeichen. So gelangen wir zu einer Schutzhütte mit Rastbank, Tisch und Brunnen. Von dort biegen wir links in den bergab führenden ›Ödstallweg‹ (Richtung *Sulzburg*) ein, anschließend führt der Weg linksherum auf dem ›Obermattenweg‹ weiter bergab. Einige Minuten später verlassen wir den Wald und gelangen in die Weinberge von *Britzingen.* Wir gehen nun immer bergab bis zu einer Teerstraße. Dieser folgen wir nach links, und wir befinden uns auf dem ›Wii-Wegle‹ mit der Markierung Rote Raute mit Weintraube.

Wenig später gelangen wir zur Kreisstraße (›Badische Weinstraße‹) und auf den kurz – aber steil – bergan führenden Fußpfad mit dem bekannten Wegzeichen. Bis nach *Britzingen* führt der Weg uns durch die Reben. An der Teerstraße wenden wir uns zunächst nach rechts, verlassen dabei das bisherige Wegzeichen und nehmen anschließend die erste Querstraße links in den Ort hinein. An der nächsten Kreuzung gehen wir rechts bergab, folgen dann der Straße ›Am Schulweg‹ und nehmen später den ›Zehntweg‹ (rechter Hand befindet sich ein schöner Spielplatz in 30 m Entfernung). An der Kirche vorbei kommt man zur Hauptstraße und zum Gasthaus »Krone« (Betriebsferien: 8. 1. bis 31. 1.; von Anfang November bis Mitte Januar: Ruhetag am Montag; geöffnet von 10–14 Uhr und von 17–24 Uhr; ansonsten durchgehend geöffnet, ohne Ruhetag; kleine Freiterrasse; Wickelmöglichkeit im ersten Stock).

Vom Gasthaus aus halten wir uns rechts, an der Sparkasse vorbei, und in der Kurve richten wir uns nach dem Hinweisschild *Buggingen.* Am Ortsrand biegt man links in die ›Ehebachstraße‹ ab, dann sofort rechts auf die Starße ›Im Bifang‹. Auf einer Teerstraße geht es nach *Dattingen* und geradeaus bis zur Hauptstraße. Dort nach links, durch den Ort hindurch, um *Dattingen* rechter Hand auf dem ›Fuchsmattweg‹ zu verlassen.

An der nächsten Abzweigung biegt man links ein auf den geteerten Markgräfler-Radwanderweg. Wir gehen über den Zunzingermattbach, überwinden einen kurzen Anstieg, halten uns dann links und biegen somit auf einen ungeteerten Landwirtschaftsweg ab (hier verlassen wir den Radwanderweg). Alsbald wandert man halbrechts auf einem geteerten Landwirtschaftsweg weiter. Wir kommen an einem Weiher und an Pferdekoppeln vorbei, danach ist der Weg nicht mehr geteert.

In *Zunzingen* erreicht man eine größere Straße, hält sich links und folgt ein Stück weit der ›Rosenbergstraße‹ in Richtung *Britzingen.* Auch hier gibt es ein Gasthaus »Krone« (geöffnet ab 15 Uhr; Ruhetag: Dienstag; Betriebsferien: 1. 2. bis 7. 3.; nur kalte Küche, Gartenterrasse mit kleinem Spielplatz).

Unsere Wanderung geht auf dem ›Talweg‹ weiter (Wegzeichen N 1). An der nächsten Verzweigung gehen wir auf dem zweiten Weg, der eine Teerdecke trägt, links weiter. Nach kurzer Zeit heißt der landwirtschaftliche Weg wieder ›Talweg‹, und das Wegzeichen N 1 ist ebenfalls angebracht. Nun geht es ein ganzes Stück bergan und in der Hohlgasse auch sehr steil bergauf. Nach diesem Anstieg biegt man linker Hand in den ›Hohleweg‹ ein und folgt den Wegzeichen: N 1, Z 1. Nach der nächsten Rechtskurve biegen wir links in den neueren, nun eben verlaufenden Waldweg (›Teufelsweg‹) ein, und wir folgen der Markierung Z 1 und der Roten Raute mit Weintraube (dabei verlassen wir das Wegzeichen N 1). Nach ca. 200 m hat man eine herrliche Aussicht in die Rheinebene. Hier biegen wir rechts auf den ›Rosenbergweg‹ ab und richten uns wie gehabt nach dem Wegzeichen: Rote Raute mit Weintraube. An der nächsten Verzweigung folgen wir der Forststraße rechts herum bergauf und verlassen dabei das Wegzeichen: Rote Raute mit Weintraube.

An der *Philippslinde* begibt man sich linker Hand auf den ›Mittleren Eichwaldweg‹, der ein Waldlehrpfad und Geologischer Lehrpfad ist (Wegzeichen: R 2 Richtung *Schwärze, Badenweiler*). Auf diesem nicht mehr so steilen Waldweg erreicht man in einer guten Viertelstunde den Ausgangspunkt.

Feldberg (Markgräflerland) – Lipburg – Sehringen und zurück
ca. 9 km; Abkürzung ca. 8 km

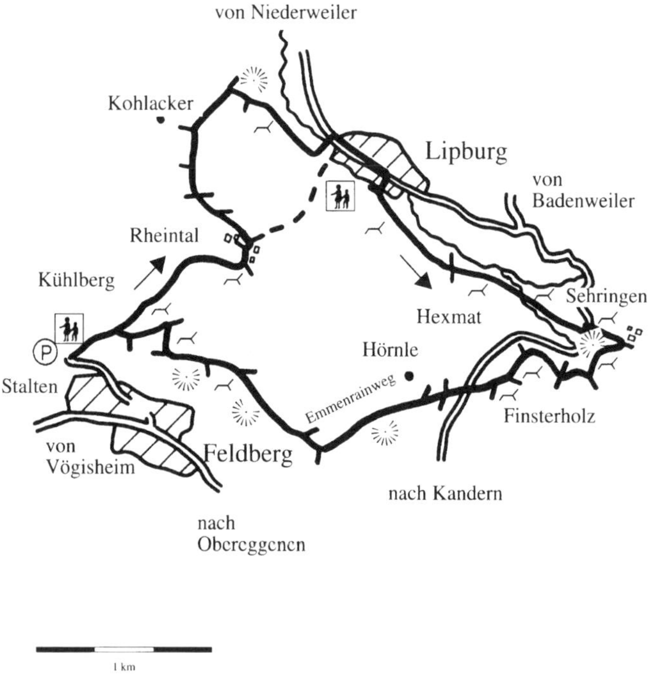

Feldberg (Markgräflerland) – Lipburg – Sehringen und zurück

Bahnverbindung: bis Müllheim, dann umsteigen in den Bus der Linie 264.

Anfahrt: von Freiburg auf der Autobahn in Richtung Süden bis zur Ausfahrt Müllheim, weiter auf der B 378 in Richtung Müllheim, am Ortsende rechts ab in Richtung Kandern, durch Vögisheim hindurch bis zur Ortsmitte von Feldberg, hier links um den Kirchturm herum in Richtung Feldberg-Rheintal; jetzt immer geradeaus bergan, am Friedhof vorbei bis zum Waldrand.

Parkmöglichkeit: Wanderparkplatz ›Auf dem Stalten‹.

Tourenlänge: ca. 9 km; Abkürzung ca. 8 km.

Hinweis: ganzjährig geeignet; für einige kurze Anstiege sollte man ein Seil zum Ziehen dabei haben. Bei klarem Wetter hat man auf dem letzten Drittel der Tour Alpensicht.

Gehzeit: ca. 3 Stunden; Abkürzung ca. 2,5 Stunden.

Höhenunterschiede: einige kräftige, aber kurze Anstiege, nach Lipburg ein längeres Stück bergan (insgesamt Hm 270).

Wegezustand: meist gut befestigte Waldwege und Forststraßen, teilweise befahrene Teerstraßen; bei *Sehringen* für 200 m ein schmaler Grasweg.

Vom Wanderparkplatz aus, neben dem sich ein Kinderspielplatz, eine Schutzhütte und eine Grillstelle befindet, starten wir auf der Teerstraße bergan Richtung *Rheintal.* Nach ca. 300 m gehen wir nach links und sind bereits auf dem Weg mit dem Zeichen: großes E auf gelbem Grund. Auf dieser abschüssigen Straße gelangt man durch schönes Streuobstgebiet bis zur Ansiedlung *Rheintal.* Nach der scharfen Linkskurve teilt sich der Weg; wir nehmen den rechten Weg mit der Markierung F 2. Nach einigen Schritten endet die Teerstraße, und es geht nun für wenige Minuten steil bergan. Dann geht es wieder auf schönem Weg durch einen Buchen-Hochwald weiter, auf dem wir eine neu angelegte Forststraße (›Kohlackerweg‹) erreichen. Hier verlassen wir das Wanderzeichen mit der Markierung F 2. Ab hier gehen wir in Richtung *Niederweiler* weiter – immer leicht abwärts, Wegzeichen: Grüner Punkt. An der nächsten Verzweigung geht es rechts in Richtung *Lipburg* weiter. Nach kurzer Zeit endet rechts der Wald und gibt den Blick auf den *Blauen* und seine bewaldeten Hänge frei. Nach einigen Minuten verläßt man diesen Weg und wir wechseln nach rechts, weiterhin in Richtung *Lipburg* (Markierung: großes H). Auf diesem Weg gelangt man auf eine Verkehrsstraße, auf der man rechtsherum auf der Hauptstraße (›Ernst-Scheffelt-Straße‹) weiterwandert, um durch den Ort zu gehen. In *Lipburg* kann man sich im Gasthof »Schwanen« (Ruhetag: Donnerstag, in den Monaten Mitte November bis Mitte März auch Mittwoch; Betriebsferien: Anfang Januar bis Ende Februar; warme Küche wochentags von 12–14 Uhr) stärken.

Die Tour wird am Ortsende kurz nach dem Rathaus rechts auf dem ›Forsthausweg‹ fortgesetzt. Hier befindet sich auch ein kleiner Spielplatz. Am Ortsrand stößt man auf eine weitere Teerstraße. Wir gehen nach links weiter und befinden uns wieder beim Wegzeichen: großes E auf gelbem Grund, der man bis *Feldberg* folgen kann. Entlang des *Ramisbächles* steigen wir auf der Teerstraße, die nach *Sehringen* führt, bergan und erreichen auf diese Weise eine Kreisstraße, die wir überqueren. Und weiter geht es bergauf, nun allerdings auf ungeteertem Weg.

Dann nehmen wir rechts den ausgetretenen Grasweg und haben eine herrliche Aussicht in die Rheinebene und auf die Vogesen. Hier befindet sich auch eine Rastbank, auf der man sich von der Anstrengung erst einmal erholen kann. Zwischen zwei Häusern führt der Weg hindurch und gleich anschließend in den Wald hinein. Für die nächste Viertelstunde geht man auf schmalen, aber gut begehbaren Waldwegen weiter (Markierung: großes E auf

gelbem Grund und Rotes Dreieck). Unterwegs trifft man auf eine Forststraße, geht einige Schritte rechts weiter, überquert einen kleinen Waldbach und biegt wieder links von der Straße ab.
Bei der nächsten Verzweigung gehen wir geradeaus in Richtung *Bürgeln* weiter (hier nicht Richtung *Müllheim* abbiegen), erreichen eine Forststraße (›Finsterholzstraße‹) und gehen hier rechts bergab (hier verlassen wir das Wanderzeichen Rotes Dreieck), um wieder auf die Kreisstraße zu kommen. Diese überqueren wir und gehen geradeaus auf dem ›Emmenrainweg‹ (auch als ›Lettenbuckweg‹ bezeichnet) weiter. An der nächsten Waldwegkreuzung gehen wir wiederum geradeaus und folgen der bekannten Markierung Großes E auf gelbem Grund Richtung *Feldberg*. Bei klarem Wetter bietet sich hier eine wunderbare Fernsicht ins *Berner Oberland* mit den markanten Gebirgsmassiven von *Mönch, Eiger und Jungfrau*. Schaut man mehr nach Westen, erkennt man in der Ferne den Schweizer Jura.
Nach schöner Waldwanderung haben wir bald eine Forststraße erreicht und folgen ihr leicht nach links. Links am Fuß des Hanges sieht man bereits *Feldberg* liegen und einige Minuten später auch den Wanderparkplatz ›Auf dem Stalten‹. Am Ende der Forststraße (›Hauptweg‹) gelangt man zu einer Teerstraße, hier gehen wir linksherum bergab weiter. Auf dieser Straße gelangen wir zu unserem Ausgangspunkt der Wanderung zurück.

Auf-der-Eck (Neuenweg) – Nonnenmattweiher und zurück
ca. 6 km

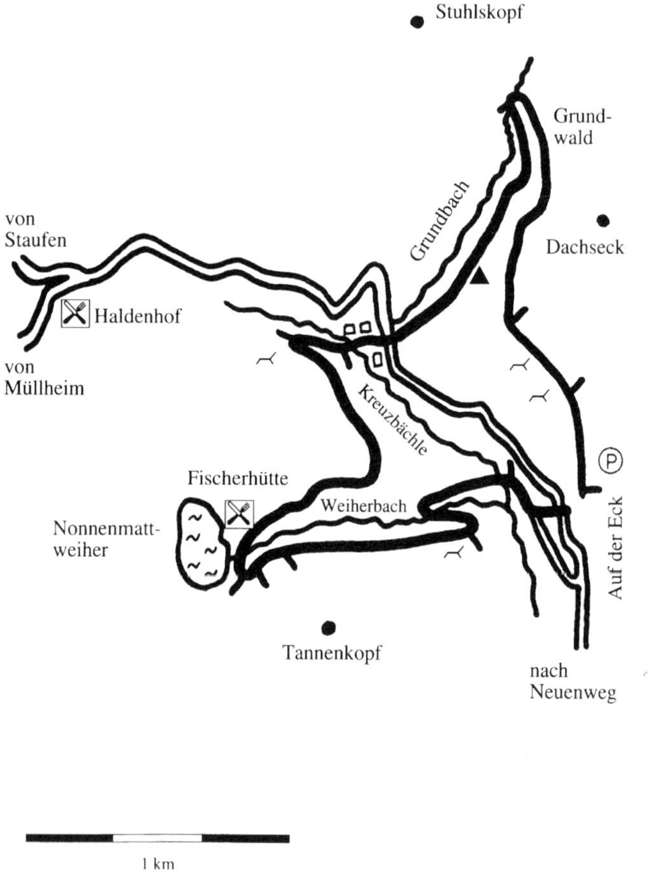

Auf-der-Eck (Neuenweg) – Nonnenmattweiher und zurück

Bahnverbindung: bis Müllheim, weiter mit SWEG-Bus Linie 111 bis Neuenweg-Haldenhof.

Anfahrt: von Freiburg in Richtung Süden, entweder auf der Autobahn bis Ausfahrt Neuenburg, dann weiter in Richtung Badenweiler, anschließend weiter in Richtung Schönau und Neuenweg; oder zuerst auf der B 3 nach Bad Krozingen, von dort über Staufen ins Münstertal, hier dann der Beschilderung nach Neuenweg folgen und am Haldenhof Richtung Schönau fahren.

Parkmöglichkeit: genau 2,6 km (man schaut am besten auf den Kilometerzähler) nach dem Haldenhof auf dem großen geteerten Platz links an der Straße; am rechten Straßenrand steht auch ein Holzschild ›Nonnenmattweiher‹.

Tourenlänge: ca. 6 km.

Hinweis: ganzjährig geeignet; unbedingt ein Seil zum Ziehen mitnehmen.

Gehzeit: ca. 2,5 Stunden.

Höhenunterschiede: drei kürzere Anstiege (Hm 220).

Wegezustand: überwiegend gut befestigte, breite Land oder Forstwirtschaftswege und Sträßchen; nur die letzten hundert Meter den Hang hinauf muß man einen Wiesenweg benutzen, der mit dem Kinderwagen aber gut zu befahren ist.

Vom Parkplatz aus gehen wir links den geteerten ›Grundwaldweg‹ hinauf (Rundweg 1 und 2 in Richtung *Belchen*). Vor uns sehen wir bereits den *Belchen* liegen. Bald endet der Teerweg und geht in einen befestigten Landwirtschaftsweg über. An der ersten Verzweigung geht man links. Nach einigen Minuten im Wald verlassen wir das Wegzeichen und gehen links auf dem ›Unteren Grundwaldweg‹ weiter. Dabei folgen wir der Ausschilderung Mittelheubronn zum

Haldenhof. Der Weg führt nun gemütlich bergab bis zum Grundbach und dort links herum. Wir gehen weiter auf dem ›Neumattenweg‹ und verlassen hier die bekannte Markierung. Nach einigen Minuten öffnet sich der Wald, und wir kommen durch ein wunderschönes kleines Seitental. Bei einer Hütte befindet sich eine gefaßte Quelle, aus der erfrischendes Wasser fließt.
Bei *Mittelheubronn* überquert man die Landesstraße und geht ca. 20 m (am besten auf der rechten Straßenseite, hier wird man besser gesehen) nach links, dann rechts auf der Teerstraße in Richtung *Nonnenmattweiher* weiter. Über das Kreuzbächle und auf einer Teerstraße folgen wir nach wie vor der Ausschilderung zum *Nonnenmattweiher.*
Nach der Linkskurve muß man wieder steigen. Der geteerte Weg endet, und man hat einige holprige Abschnitte vor sich. Schließlich erreichen wir die »Fischerhütte« (in den Sommermonaten täglich geöffnet, ansonsten nur am Wochenende und an Feiertagen, von 10.30 Uhr bis 19 Uhr). Von hier geht es zum *Nonnenmattweiher,* der ein eiszeitlicher Karsee ist. Man hält sich dann links und folgt dem Wegzeichen roter Punkt und blaue Raute Richtung *Tegernau,* ebenfalls auf einem breiten Waldweg, der abwärts führt. Etwas später verlassen wir für eine Weile diese Markierung und gehen hier geradeaus auf der Forststraße weiter. Nach zwei Kurven überquert man den Weiherbach und gelangt anschließend nach *Vorderheubronn,* von wo aus man bereits den Parkplatz sehen kann, zu dem man über einen Wiesenweg (blaue Raute, Rundweg 3 Richtung Neuenweg) hinaufsteigt.

Tannenkirch – Mappach (Markgräflerland) und zurück
ca. 10 km

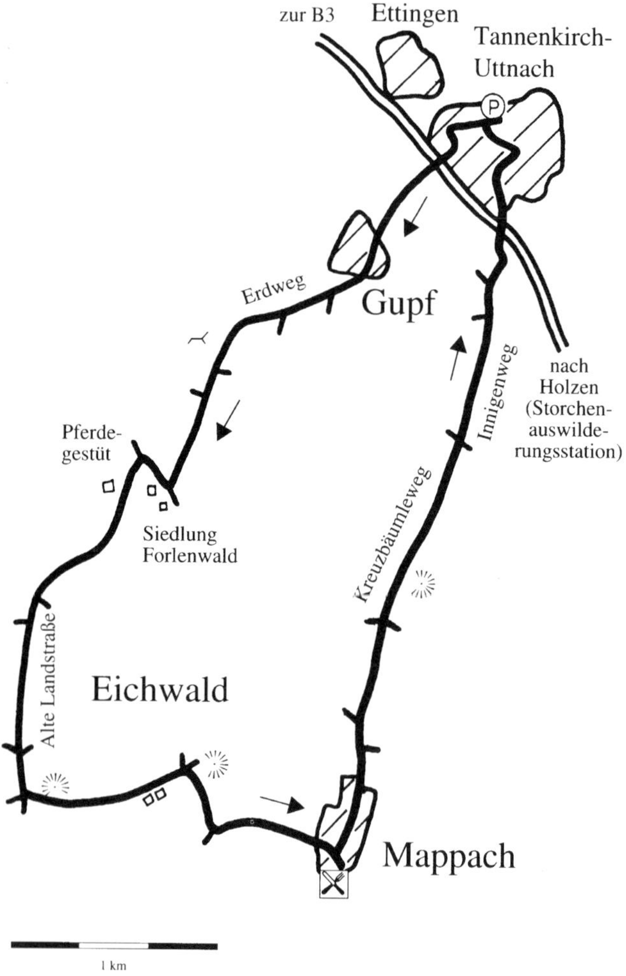

Tannenkirch – Mappach (Markgräflerland) und zurück

Bahnverbindung: bis Bad Bellingen; dort umsteigen in den Bus des RVL (Regio-Verkehrsverbund Lörrach).

Anfahrt: aus Freiburg in Richtung Süden, entweder auf der Autobahn bis Ausfahrt Neuenburg, dann weiter in Richtung Bad Bellingen und kurz vorher nach Schliengen abbiegen; oder auf der B 3, durch Schliengen hindurch, nach 3 km (Abzweigung Hertingen folgen) geht es nach Tannenkirch ab.

Parkmöglichkeit: in der Ortsmitte bei der Freiwilligen Feuerwehr und am Rathaus, beides nahe der Kirche.

Tourenlänge: ca. 10 km.

Hinweis: ganzjährig geeignet (eingeschränkt an besonders heißen Tagen).

Gehzeit: ca. 2,5 Stunden.

Höhenunterschiede: drei kürzere Anstiege, ansonsten geht es bequem durch das leicht hügelige Markgräflerland (Hm 190).

Wegezustand: überwiegend geteerte oder mit Panzerplatten befestigte Wege und Straßen. Die ›Alte Landstraße‹ ist ein gut begehbarer landwirtschaftlicher Nutzweg.

Wir gehen zum Rathaus zurück, um dann rechts bergab zu gehen. An der nächsten Kreuzung führt der Weg nach links und dann gleich wieder nach rechts. So kommen wir zur Landstraße zurück, überqueren sie und gehen auf der Straße am Friedhof vorbei. Nach einigen Minuten haben wir dann den Ortsteil *Gupf* erreicht und gehen zunächst geradeaus weiter bis zur Umspannstation und dort rechts auf den ›Erdweg‹ (Panzerplattenweg). Nach einem kurzen Anstieg gelangen wir zur Siedlung *Forlenwald,* von der man rechts und wenig später links wandert. Unser Weg führt uns an einem Pferdegestüt vorbei, und wir befinden uns auf der ›Alten Landstraße‹ (Römerstraße), die in Richtung Wald (Wegzeichen E 4) führt.

Nachdem wir den wunderschönen Buchenwald hinter uns gelassen haben, geht es links ab, dem Teersträßchen folgend und von hier geht es ein kurzes Stück bergan. Ein herrlicher Ausblick auf die Berge zwischen *Blauen* und Hotzenwald bietet sich an dieser Stelle.
An der Kreuzung nach dem folgenden Aussiedlerhof halten wir uns rechts und wenige Minuten später folgen wir links dem Teerweg nach *Mappach.* Auf dem Kirchturm haben stets Weißstörche ihr Domizil aufgeschlagen. Die Möglichkeit zur Einkehr bietet sich in der »Markgräfler Stube« (geöffnet werktags ab 16 Uhr, am Wochenende zum Mittagstisch; Ruhetag: Mittwoch; keine festen Betriebsferien) mit ihrer einfachen, aber guten regionalen Küche. Unsere Tour führt auf der Hauptstraße nach Norden aus *Mappach* hinaus und an der nächsten Kreuzung (Nußbaum, Randwandermarkierung E 4) geradeaus. An der folgenden Kreuzung gehen wir jedoch rechts herum die Anhöhe hinauf. Hier verlassen wir schon wieder die Markierung E 4 und wandern an mehreren schönen Kirschbäumen vorüber. Geradeaus bleibt man auf dem ›Kreuzbäumleweg‹ und anschließend auf dem ›Innigenweg‹. So gelangen wir zur Landstraße kurz vor *Tannenkirch,* die wir überqueren müssen, um auf dem ›Kirchmättle‹ in den Ort hinauf zu kommen. Rechts biegt man in die ›Uttnacherstraße‹, beim Lebensmittelgeschäft dann nach links. Oben angekommen steht man bereits vor dem Rathaus, hält sich rechts und kommt zum Auto zurück.

Stegen – Himmelreich und zurück
ca. 9 km

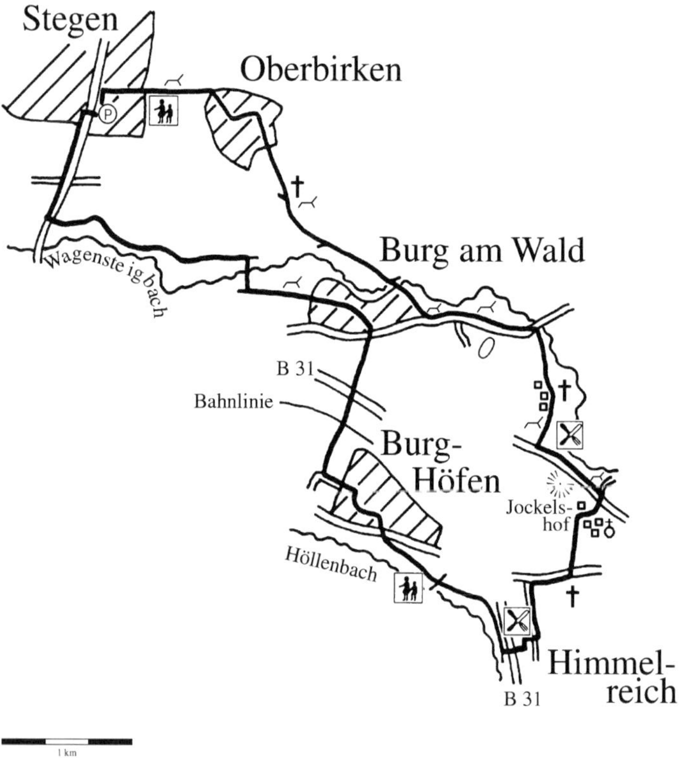

Stegen – Himmelreich und zurück

Bahnverbindung: über Kirchzarten, dann weiter mit dem SBG-Bus 7215, 7216 oder Buslinie *Hummel* 221.

Anfahrt: von Freiburg aus über die B 31 nach Osten, am Ortsende von FR-Ebnet in Richtung St. Peter nach links abbiegen.

Parkmöglichkeit: Neue Ortsmitte: Parkplatz am Dorfplatz, in der Nähe des ökumenischen Zentrums.

Tourlänge: ca. 9 km.

Hinweis: ganzjährig geeignet; auch für ungeübte Wanderer zu empfehlen.

Gehzeit: knapp drei Stunden.

Höhenunterschiede: keine nennenswerte Steigung (Hm 60).

Wegzustand: überwiegend geteerte Sträßchen, Rad- und Fußwege; nur auf kurzen Abschnitten etwas unebener Wegbelag.

Unsere Tour durch das Dreisamtal beginnt auf schmalen Teerstraßen. Vom Parkplatz aus wenden wir uns in östlicher Richtung und kommen auf dem Weg am neugestalteten Dorfkern *Stegens* mit einem Brunnen, einem Café und einem Spielplatz vorbei und gelangen so nach *Oberbirken*. Hier folgen wir der ersten Querstraße (›Im Gäßle‹) nach rechts. Hinter dem Gasthaus »Sonne« biegen wir nach links ab und folgen dem ausgeschildertem Radwanderweg. An der nächsten Weggabelung geht es nach rechts weiter. Der geteerten Straße und der Weg-Markierung: rot-weiße Raute auf gelbem Rechteck folgend, gelangen wir nach *Burg*. Nach einem kurzen Aufstieg auf der ›Mühlenstraße‹ gelangen wir zu einer Fahrstraße (›Ibentalstraße‹). Hier steht die große Dorflinde, in deren Schatten man eine Rast einlegen kann.
Unsere Wanderung geht auf dem Rad- und Fußweg ein Stück in Richtung *Ibental* weiter, immer noch dem Radweg folgend. Erst vor dem nächsten Bachlauf führt der Weg nach rechts in die

schmale Teerstraße, und wir folgen der Radwander-Markierung. Vorbei an einem Bauernhof mit Kleintiergehege gelangen wir zu einer Fahrstraße. Hier wenden wir uns nach links. Kurze Zeit später erreicht man das Gasthaus »Schüssel« mit schönem Biergarten (Ruhetag: Donnerstag; geschlossen an Weihnachten und Neujahr; durchgehend warme Küche; Spielplatz am Bach mit zwei Wasserbecken). Unsere Wanderung geht entlang der Straße bis zur nächsten Kreuzung. Hier halten wir uns rechts und gelangen zum Jockelshof (Privatweg). Rechts zwischen den Gebäuden hindurch gelangt man auf einen gut befahrbaren Feldweg. Auf diesem gelangen wir zu einer Landstraße; hier wenden wir uns nach rechts und folgen der Straße auf dem parallel verlaufenden Rad- und Fußweg. Nach ca. 250 m biegt man nach links in Richtung *Bahnhof Himmelreich* ab. Hier verläßt man den Dreisamtal-Radwanderweg, überquert ein wenig später die Bahnschienen und kann fast geradeaus zum Gasthof »Zum Himmelreich« (kein Ruhetag, geschlossen am 24. 12. und 1. 1.) gehen.
Vom Parkplatz des Gasthauses geht man rechts an den Bahnhofsgebäuden vorbei und dann, wieder rechts, durch eine Unterführung, die unter der Bundesstraße hindurch führt. Weiter geht es in Richtung *Höfen, Kirchzarten.* Zuerst gehen wir auf einem Waldweg leicht bergab, später auf einem Feldweg durch Wiesen bis zu der Schule mit einem Spielplatz. Auf der Teerstraße geht es geradeaus weiter, dabei überqueren wir nicht den links liegenden Bachlauf. Hinter der Turnhalle wendet man sich nach rechts und wandert auf dem Fuß- und Radweg bergan. Wir passieren eine Unterführung, gehen auf der Straße ein Stück geradeaus, und biegen dann links ab. Über den ›Keltenring‹ gelangt man zu einer Kreuzung mit begrünter Verkehrsinsel, an der man links abbiegt. Von hier geht es geradeaus einen kleinen Abhang hinunter. In der nächsten Kurve verlassen wir die Fahrstraße, wenden uns nach rechts und folgen der Radwander-Markierung. Nach einem sehr kurzen Anstieg kommt man über ein freies Feld, überquert die

Bahnlinie und geht durch eine Unterführung der Bundesstraße hindurch bis zur Umgehungsstraße von *Burg am Wald.* Wir überqueren diese und gehen – dem Wegzeichen gelber Punkt folgend – direkt in den Ort. Auf der ›Markenhofstraße‹ (nicht in die Sackgasse einbiegen!) durchqueren wir die Ortschaft. Nun geht es ein kurzes Stück auf einem steinigen und unebenen Feldweg weiter. Alsbald verlassen wir diesen Weg und gehen rechts bergab in die Auenlandschaft des Wagensteigbaches. Wir überqueren den Bachlauf und steigen dann leicht bergan. Oben angekommen wenden wir uns nach links und verlassen die bekannte Wanderweg-Markierung. Auf dem gut befahrbaren Landwirtschaftsweg geht es für einige Minuten am bewaldeten Hochgestade entlang. An der nächsten Landstraße wenden wir uns nach rechts und auf dem Fuß- und Radweg kommen wir zurück nach *Stegen.*

Wittnau / Sölden – im Hexental
ca. 12 km; Abküzung ca. 7 km

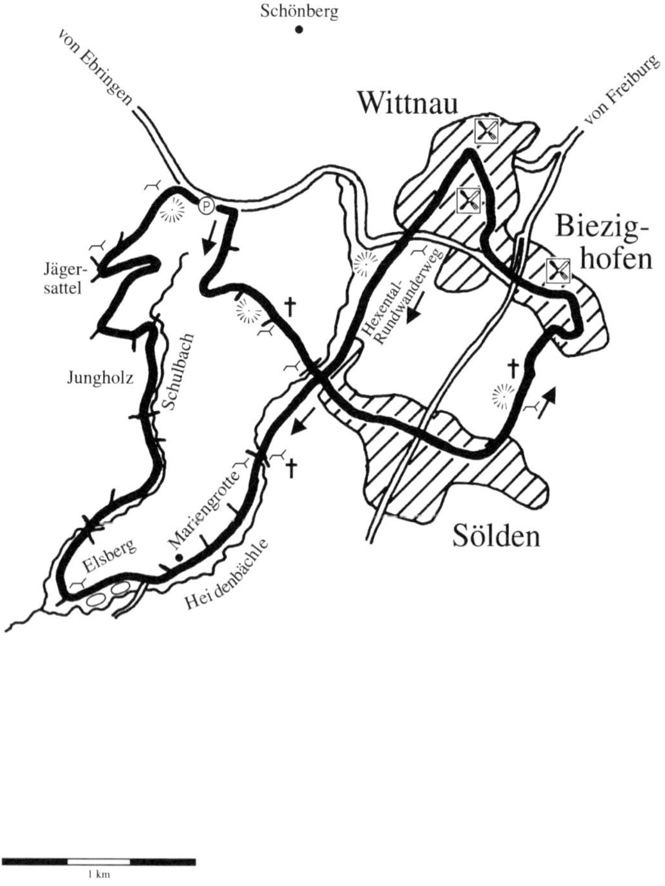

Wittnau / Sölden – im Hexental

Bahnverbindung: keine, aber mit dem SBG-Bus Linie 7208 zu erreichen.

Anfahrt: über Merzhausen und Au, dann Abfahrt Biezighofen, weiter über die Weinbergstraße in Richtung Wittnau, dann den Berg hinauf Richtung Ebringen; oder über Freiburg-St. Georgen nach Süden in Richtung Pfaffenweiler, im Schneckental die neue Straße Richtung Ebringen; an Ebringen vorbei – immer bergauf – und an der Berghauser Kapelle auch noch vorbei.

Parkmöglichkeit: Wanderparkplatz ›Flachslandweg‹ oder ein kurzes Stück weiter in Richtung Wittnau auf dem sehr breiten Rasenstück in der Außenkurve.

Tourenlänge: ca. 12 km; Abkürzung: ca. 7 km.

Hinweis: ganzjährig geeignet; eine der abwechslungsreichsten, aber auch anstrengensten Touren, da das Hexental in seiner gesamten Breite zweimal gequert wird. Schöne Aussichtspunkte bis nach Staufen.

Gehzeit: gut vier Stunden; Abkürzung: ca. 2,5 Stunden.

Höhenunterschiede: in Sölden sind gut 80 Höhenmeter zu bewältigen; am Schulbach entlang zum Lägersattel nochmal soviel. Vorsicht: auch die bergab führenden Strecken am Anfang der Wanderung und in Biezighofen sind sehr anstrengend, da sehr steil.

Wegezustand: stark wechselnde Verhältnisse; Forststraßen und Teerwege wechseln mit Graswegen und teilweise ausgefahrenen Waldwegen ab; nur für Kinderwagen mit großen Reifen und einer guten Federung empfehlenswert.

Wir starten unsere Wanderung, indem wir ein Stück in Richtung *Wittnau* gehen. An der ersten Möglichkeit biegen wir rechts in die Forststraße ein und gelangen in den *Fäswald.* Hier folgt man an der Schranke vorbei der Markierung Roter Punkt Richtung *Sölden.* Auf etwas kiesigem Untergrund geht es leicht bergab. Nach einigen Minuten verlassen wir die Forststraße und biegen rechts auf einen Waldweg ab, immer noch dem bekannten Wegzeichen folgend (Markierung Roter Punkt). Hier tritt auch die Markierung 45 (Holztafel) hinzu. Alsbald hat man den Waldrand erreicht, und man hat zum ersten Mal eine wunderschöne Aussicht ins *Hexental.* Zuerst auf einem Grasweg, später auf einem etwas holprigen Feldweg geht es geradewegs – und auch recht steil – den Berghang hinunter.

Hat man in der Talsohle das *Heidenbächle* überquert, kann man rechts herum die Wanderung abkürzen. Ansonsten geht es auf der ›Herrgasse‹ ziemlich steil zur Ortsmitte von *Sölden* hinauf. Die Durchgangsstraße kann man rechter Hand unterqueren. Auf der ›Bürglestraße‹ geht es dann geradeaus weiter, immer noch bergan. Nach dem anstrengenden Anstieg hat man den nordöstlichen Ortsrand von *Sölden* erreicht und kann sich auf einer Rastbank erst einmal ausruhen.

Links geht es über die ›Bergstraße‹ weiter und aus dem Ort hinaus. Zuerst gehen wir auf einem ausgefahrenen Grasweg weiter, auch hier lädt eine Rastbank und die schöne Aussicht zum Verweilen ein. Am Ende des Heckenstreifens endet der Grasweg vorerst, und er geht erst unterhalb des geradeaus liegenden Heckenstreifens weiter. Vor sich sieht man nun *Biezighofen* – unser nächstes Etappenziel – liegen. Hat man den Ort erreicht, wandert man rechts um den Bauernhof herum. So gelangen wir zu einer Straße, der wir bergab folgen. An der nächsten Kreuzung (mit Rastbank) geht es linksherum weiter, ebenso an der nächsten Kreuzung. Auf dieser ebenso bergab führenden Straße gelangt man in die Ortsmitte und zum Gasthaus »Ristorante Engel«. Von hier aus geht es auf der ›Weinbergstraße‹ weiter, und wir folgen für kurze Zeit dem Wanderzeichen Roter Punkt Richtung *Kirchhofen* und Gelber Punkt Richtung *Ebringen.* Nach einigen Minuten geht es dann rechts herum auf der ›Alemannenstraße‹ weiter. An der nächsten Bushaltestelle befindet sich eine kleine Grünanlage mit mehreren Rastbänken. Von hier aus gehen wir links auf dem ›Kirchweg‹ weiter. Wir kommen am Sportplatz und der Vereinsgaststätte »Burgblick« vorbei und gelangen zum Landgasthof »Hirschen« (Ruhetage: Montag vormittags und Dienstag; sonst geöffnet ab 11 Uhr; Betriebsferien: eine Woche im November und zwei Wochen im Januar; Wickeltisch auf der Damen-Toilette). Unsere Wanderung setzen wir dann links herum fort. Auf der Straße ›In den Haseln‹ (Wegzeichen: Roter Punkt Richtung *Ebringen*) gelangen wir zum südwestlichen Ortsrand. Hier befinden wir uns bereits auf dem ›Hexental-Rundweg‹. An der Kreuzung mit der Straße nach *Ebringen* gehen wir geradeaus auf der ungeteerten Straße weiter (Straßenschild: KfZ bis 6 to frei), dabei folgen wir dem Roten Punkt Richtung *Bollschweil.* Nach wenigen Minuten haben wir dann *Sölden* erreicht. An der großen Kreuzung gehen wir wiederum geradeaus weiter. Für die nächste halbe Stunde bleibt man auf diesem gut begehbaren Weg und biegt vorerst nicht mehr ab. Das *Heidenbächle* begleitet uns zuerst auf der rechten, später auf der linken Seite des Wegs. Wir erreichen einen Waldrand an der Stelle, an der eine Marien-Grotte angelegt wurde. Für kurze Zeit ist der Weg dann geteert. Etwas später verlassen wir den ›Hexental-Rundweg‹, wir wenden uns nach rechts auf den ›Elsbergrundweg‹ Richtung *Lägersattel* (Wanderzeichen Blauer Punkt) und Richtung *Ehrenstetten* (Wanderzeichen Roter Punkt). Auf dieser Waldstraße kommt man an einigen Sportplätzen vorbei. Kurz danach verlassen wir die Markierung Roter Punkt, und wir folgen nur noch dem Blauen Punkt Richtung *Lägersattel.* Zunächst führt der Weg weiterhin am Waldrand entlang. Später überqueren wir den Bach und es geht rechts auf dem ›Schulbachweg‹ (Schranke) weiter. Bei der nächsten Verzweigung nimmt man den rechten Weg (nicht in den ›Schulbach-Sackweg‹ einbiegen!). Ab hier geht es dann bis zum *Lägersattel* bergauf. Der breite Waldweg, auf

kurzer Strecke ein Grasweg (Schranke), folgt nun dem Schulbach. An den folgenden Verzweigungen und Kreuzungen biegen wir nicht ab.
Es folgt eine starke Linkskurve, hier verlassen wir den ›Schulbachweg‹ und gehen linksherum steiler bergan. Auf dieser Forststraße gelangen wir bis hinauf zum *Lägersattel.* Hier wenden wir uns nach rechts und auf dem ›Flachslandweg‹ verbleiben wir auf dem Bergrücken. Es geht nur noch leicht bergauf. Einige Hinweistafeln geben Auskunft über die hier wachsenden Baumarten. So erreichen wir wieder die Straße Ebringen–Wittnau und gelangen zum Parkplatz zurück.

Übersichtskarte

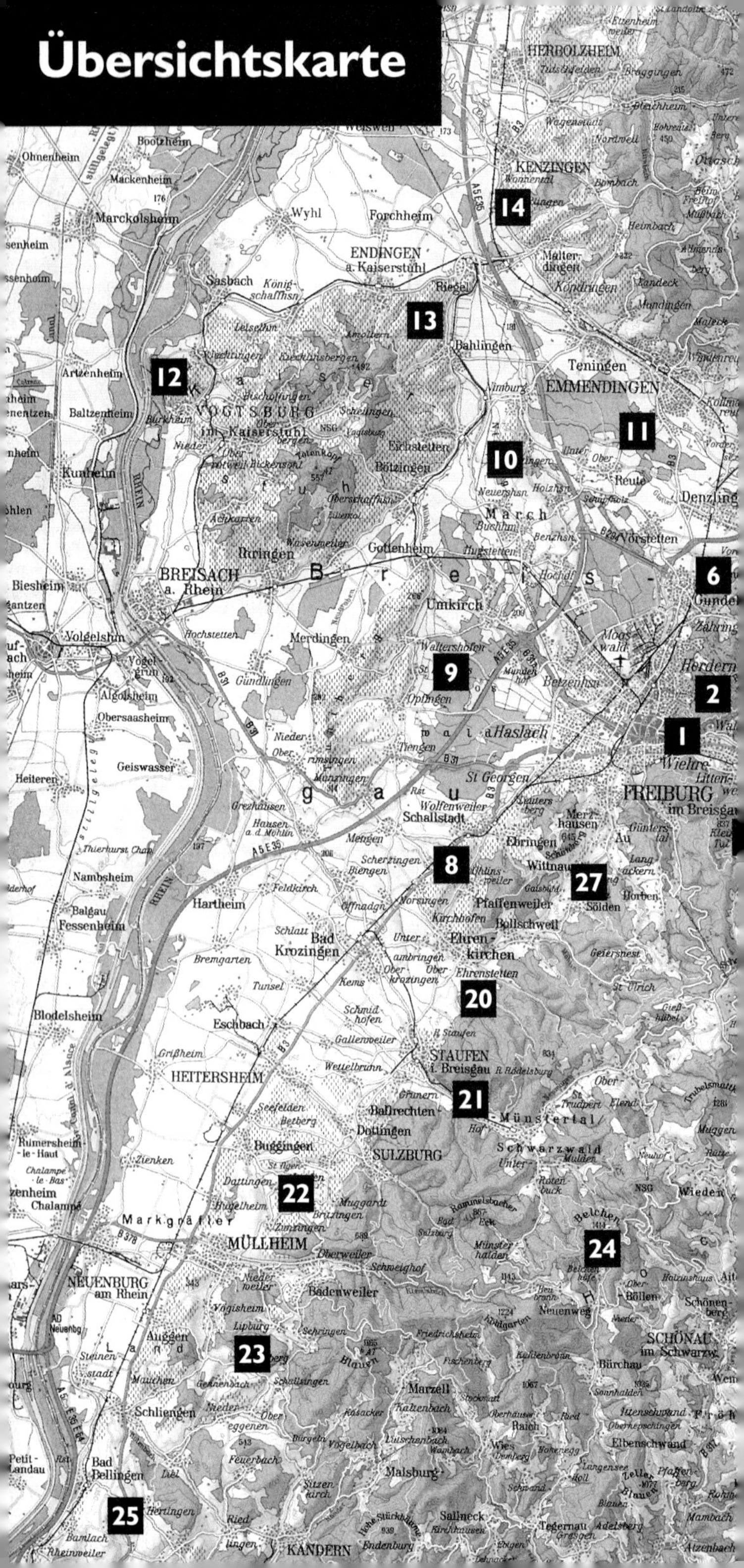

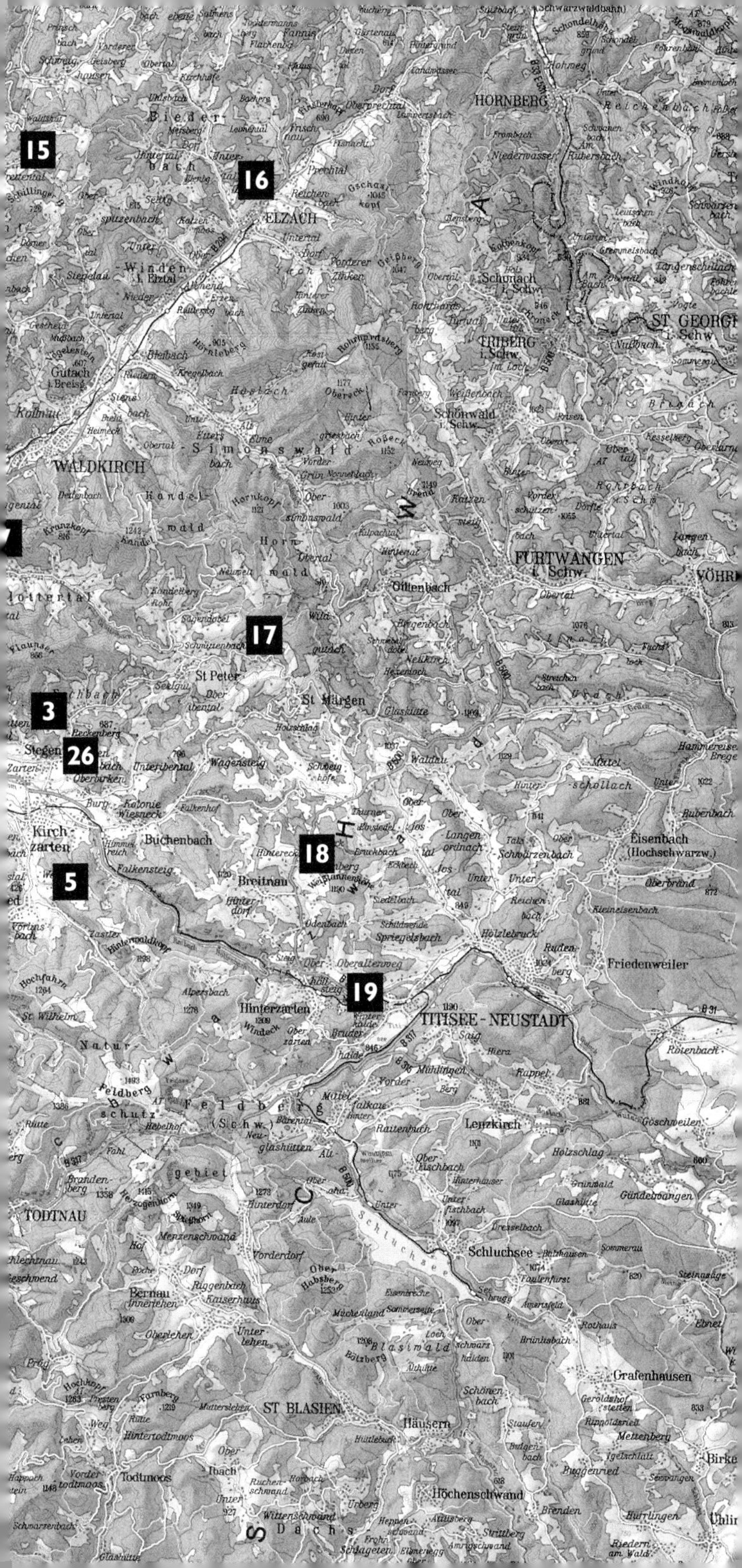
15
16
17
3
26
5
18
19
HORNBERG
ELZACH
Prechtal
Oberprechtal
Winden i. Elztal
Gutach i. Breisg.
WALDKIRCH
Simonswald
Kandel
Schonach i. Schw.
TRIBERG i. Schw.
ST GEORGEN i. Schw.
Schönwald i. Schw.
FURTWANGEN i. Schw.
Ober simonswald
St Peter
St Märgen
Stegen
Kirchzarten
Buchenbach
Breitnau
Hinterzarten
TITISEE-NEUSTADT
Eisenbach (Hochschwarzw.)
Friedenweiler
Hölzlebruck
Lenzkirch
Feldberg (Schw.)
Feldberg
Naturschutzgebiet
TODTNAU
Schluchsee
Bernau
ST BLASIEN
Häusern
Grafenhausen
Todtmoos
Höchenschwand
Gündelwangen
Rothaus
Dachsberg